Irene Scharenberg

Stirb zweimal

Norderney-Krimi

Prolibris Verlag

Die Autorin

Irene Scharenberg ist in Duisburg aufgewachsen und hat hier Chemie und Theologie für das Lehramt studiert. Vor einigen Jahren hat sie die Leidenschaft fürs Schreiben entdeckt. Seit 2004 sind zahlreiche ihrer Kurzgeschichten in Anthologien und Zeitschriften erschienen und in Wettbewerben ausgezeichnet worden. 2009 gehörte die Autorin zu den Gewinnern des Buchjournal-Schreibwettbewerbs, zu dem mehr als 750 Geschichten eingereicht wurden.
Irene Scharenberg ist verheiratet und hat zwei erwachsene Töchter. Sie lebt am Rande des Ruhrgebiets in Moers. In ihrer alten Heimat Duisburg spielen sechs Kriminalromane mit den beiden Ermittlern Pielkötter und Barnowski. 2018 hat die Autorin ihre Liebe zu der Insel mit der Leidenschaft fürs Schreiben verbunden. Nach »Tödliches Bad« und »Im Schatten des Leuchtturms« spielt auch »Stirb zweimal« auf Norderney.

Für meine Familie

Prolog

Hoffentlich komme ich nicht zu spät. Angelina hatte so ängstlich geklungen, geradezu verzweifelt. Nein, panisch. Ihre eigentlich so weiche Stimme, die mich vom ersten Moment an fasziniert hatte, war mir so schrill erschienen, als gehöre sie überhaupt nicht zu ihr.

»Ich habe einen Fehler gemacht«, hatte sie in einem Tonfall erklärt, der mich weit mehr alarmiert hatte als die unterschwellige Panik. »Einen unverzeihlichen Fehler, für den ich jetzt büßen muss.«

»Nein!«, hatte ich geschrien, dann hatte sie das Gespräch beendet.

Ich schaute auf meine Armbanduhr. Seit Angelinas Anruf waren gerade einmal dreizehn oder vierzehn Minuten vergangen, aber die kamen mir inzwischen vor wie eine kleine Ewigkeit. Zudem lagen noch einige Kilometer vor mir, bis ich sie in die Arme schließen konnte … sofern alles gutging.

Du musst es schaffen, du musst es schaffen, hämmerte es unaufhörlich hinter meiner schweißnassen Stirn. Schließlich hatte sie mich angerufen, nicht ihren geliebten Zwillingsbruder, nicht ihren Liebhaber, nicht die Polizei. Deshalb durfte ich jetzt nicht versagen. Wenn ich nur rechtzeitig kam, würde alles wieder gut werden. Wir könnten ganz neu anfangen, in einer Stadt, in der uns keiner kennt. Schneller, schneller dröhnte es in meinem Kopf. Mein Wagen raste mit Landstraßengeschwindigkeit durch das Wohnviertel. Schneller, Schneller.

Endlich hatte ich mein Ziel erreicht. Mit quietschenden Reifen bog ich von der Straße ab und sauste die Einfahrt hoch. Ich stoppte mit einer Vollbremsung vor der Doppelgarage neben Angelinas roten

Mazda und hechtete aus dem Auto zur Haustür. In der Dunkelheit stolperte ich die drei Stufen aus Granitstein nach oben. Der Bewegungsmelder oder die Lampe am Vordach schien defekt zu sein. Als meine Hand nach dem Knauf fasste, stellte ich zu meinem Erstaunen fest, dass die Eingangstür einen Spalt breit offenstand. Ein ganz schwacher Lichtschein drang nach draußen. Mein Pulsschlag beschleunigte sich. Während ich die schwere Konstruktion aus Stahl und Bleiglas weiter nach innen drückte, versuchte ich, den Kloß herunterzuschlucken, der sich plötzlich in meinem Hals gebildet hatte.

»Angelina!«, rief ich heiser. »Angelina!«

Ich erhielt keine Antwort, und die Stille schien mich zu erdrücken wie der Deckel eines Grabes, in dem ich lebendig begraben lag. Vorsichtig schaute ich noch einmal nach hinten, als drohe von dort Gefahr. Eine schmale Mondsichel kam gerade hinter einer Wolke hervor, beleuchtete kurz den Vorgarten und verschwand dann wieder, verschluckt von der nächsten dicken Wolke. War Angelina etwa ins Freie geflüchtet? Hatte die Haustür deshalb aufgestanden? Und was bedeutete das?

»Angelina!«, schrie ich ein letztes Mal mit brüchiger Stimme. Entweder konnte oder wollte sie mich nicht hören oder sie war nicht in der Lage, mir zu antworten. Nein, was ich mir da gerade ausmalte, musste ich schleunigst aus meinem Kopf verbannen. Während mein Herz einen Schlag lang auszusetzen schien, beschloss ich, meine Strategie zu ändern. Zwar wäre ich am liebsten losgerannt, um nach ihr zu suchen, aber ich wollte lieber vorsichtig sein und mich erst einmal umsehen. Lautlos ging ich nun durch den Flur. Der schwache Lichtschein, den ich schon am Eingang bemerkt hatte, kam aus der ersten Etage. Mit angehaltenem Atem schlich ich die Treppe hoch. Der Kloß in meinem Hals wuchs von Stufe zu Stufe. Wenn ich jetzt noch einmal rufen würde, käme wahrscheinlich nur ein leises Krächzen heraus. Meine verschwitzte

Hand hielt sich am Geländer fest, als sei das Holz der Rettungsanker für einen Ertrinkenden.

Als ich endlich oben in der ersten Etage stand, zitterten meine Knie. Ich sah mich um. Obwohl mir das Haus vertraut war, wirkte alles so furchtbar fremd. Die Türen auf der rechten Seite, die zum Bad und dem Gästezimmer führten, waren verschlossen, ebenso die auf der Linken, hinter denen die beiden Schlafräume lagen. Das Licht kam aus Angelinas Büro am Ende des Flurs. Für einen kurzen Moment geriet ich in Versuchung, noch einmal ihren Namen auszustoßen, entschied mich jedoch dagegen. Wenn sie wirklich hier in ihrem Arbeitszimmer saß, würde ich ihr sowieso in wenigen Sekunden gegenüberstehen oder ... Das Herz schlug mir bis zum Hals. Während ich mich sehr langsam in Richtung Büro bewegte, als spiele die Zeit nach der rasenden Autofahrt nun keine Rolle mehr, rannen Bäche von Schweiß meinen Rücken hinunter. Dabei war mir kalt, eiskalt. Ich stieß die leicht geöffnete Tür weiter auf, so dass ich einen Teil des Zimmers sehen konnte, wagte kaum zu atmen, behielt die Klinke in der Hand.

Zuerst fiel mein Blick auf den leer geräumten alten Eichenschreibtisch, ein Erbstück von ihren Eltern. Darüber hing ein typisches Urlaubsfoto von Angelina und mir bei einem Segeltörn im Mittelmeer vor drei Jahren. Auf dem schwarzen Bürostuhl hinter dem Schreibtisch saß niemand. Voller Angst suchte ich den Boden ab. Das Muster des Perserteppichs verschwamm vor meinen Augen. Jeder Muskel in mir war angespannt, die Ungewissheit zerrte an meinen Nerven. Benommen hielt ich mich an der Klinke fest, dann drückte ich die Tür mit Wucht vollständig auf. Ich starrte nach rechts zu dem kleinen gläsernen Beistelltisch mit zwei weißen Ledersesseln. In dem vorderen saß Angelina. Ihr Kopf lag auf der Tischplatte. Das Glas hatte sich rot gefärbt, rot wie ihr Haar.

Mein Schrei zerriss die unheimliche Stille. Der Kloß in meinem Hals schien sich gelöst zu haben. Wie von Sinnen brüllte ich immer wieder Angelinas Namen. Ich war unfähig, einen klaren Gedanken zu fassen. Wie in Trance bewegte ich mich vorwärts, bis ich Angelina erreichte. Ich berührte ihren Körper, ihr Haar. Blut klebte an meinen Fingern, aber das störte mich nicht. Erst als meine Tränen es verdünnten, erwachte ich aus meiner Erstarrung. Mit zitternden Händen zog ich mein Smartphone aus meiner Hosentasche und rief die Polizei an.

1

Doktor Salzbach sah Kommissar Willibald Pielkötter durchdringend, vielleicht auch ein wenig tadelnd an. Pielkötter fühlte sich unwohl, nicht wegen des Blickes, sondern weil er befürchtete, der Arzt könne ihm eine sehr unerfreuliche Mitteilung machen. Er hatte ihn gestern zu seinem kleinen Büro im Verwaltungstrakt der Norderneyer Kur- und Rehabilitationsklinik am Deich bestellt. Seitdem hatte Pielkötter diesem Termin mit innerer Unruhe entgegengefiebert.

»So einen Aufruhr, wie Sie ihn hier veranstaltet haben, gab es in unserer Klinik bisher noch nicht. Dem Mörder eine Falle stellen, Verhöre, Verhaftung. Alle Achtung …« Salzbach hob die Arme und seufzte, was auf Pielkötter seltsam theatralisch wirkte, dann lehnte sich der Arzt in seinem Sessel zurück. »Nun, das macht Ihnen so schnell keiner nach. Erst recht nicht in Ihrem gesundheitlich angeschlagenen Zustand.« Er räusperte sich und schaute nun noch eine Spur ernster drein. »Womit wir direkt beim Thema wären. Also, dass diese Ermittlungen Ihrer Gesundheit geschadet haben, muss ich Ihnen wohl nicht groß erklären. Das wissen oder spüren Sie sicher selbst am besten. Und das verwundert auch nicht. Schließlich haben Sie laut den Eintragungen in Ihrer Akte wichtige Therapiestunden zugunsten Ihrer Recherche ausfallen lassen. Das hat weder Ihrer Psyche noch Ihrer Schulter wirklich gutgetan.«

Bei dem Wort *Psyche* verzog Pielkötter unwillkürlich das Gesicht. Warum hackte der Salzbach auf seinem Gemütszustand herum? Ihm reichte es, seine Schulter wieder frei zu bewegen und seinen Dienst aufzunehmen. Dann würde er so ausgeglichen sein, dass die meisten Menschen davon nur träumen konnten. Zudem störte ihn, dass der Arzt ihm nun doch eine kleine Moralpredigt hielt, nachdem er gerade noch verkündet hatte, er selbst wisse ja am besOten, was bei seiner Reha bisher schiefgelaufen sei.

»Die neue Klinikleitung wäre Sie natürlich genauso liebend gerne losgeworden wie unser alter Chef Professor Doktor Schwarzenberg«, unterbrach Salzbach mit verändertem Tonfall seine Gedanken. Fast klang er ein wenig amüsiert. »Aber ich als Ihr behandelnder Arzt habe darauf bestanden, dass Sie bleiben. Ich habe durchgesetzt, dass Ihre Rehabilitationsmaßnahme um vier Wochen verlängert wird. Und ich lege Ihnen dringend ans Herz, diese Zeit zu nutzen. Nur so haben Sie eine Chance, wieder in den Arbeitsprozess eingegliedert zu werden.«

Das saß. Die Worte musste Pielkötter erst einmal auf sich wirken lassen. Er würde sie analysieren, Silbe für Silbe und daraus seine Schlüsse ziehen. Aber eigentlich wusste er ja, dass sein Arzt Recht hatte und er sich glücklich schätzen konnte, dass Salzbach sich bei der Klinikleitung für ihn stark gemacht hatte. Chance, hatte er gesagt. Also war nicht alles verloren.

»Noch einmal ganze vier Wochen«, sagte Pielkötter mehr zu sich selbst, dann presste er »Danke« hervor: »Danke, Herr Doktor Salzbach, dass Sie sich für mich eingesetzt haben.«

»Ich stand übrigens schon vorher auf Ihrer Seite«, erklärte der Arzt zu seinem Erstaunen. »Weil ich die Umstände von Schröders Tod nicht vertuschen wollte, habe ich mächtig Ärger mit meinem Vorgesetzten bekommen. Damals habe ich geglaubt, es ginge nur um den Ruf der Klinik, heute weiß ich, es stand viel mehr auf dem Spiel. Aber lassen wir diese schreckliche Geschichte ruhen. Ab morgen gilt Ihr neuer Therapieplan und …«

Salzbach stoppte seinen Redefluss und Pielkötter war ihm dankbar dafür. Er wusste ohnehin, was der Arzt ihm mitteilen wollte, und er hatte den festen Vorsatz, seine Chance zu nutzen. In diesem Augenblick war er sogar davon überzeugt, dass es ihm nicht schwerfallen würde, alle Anweisungen genau zu befolgen. Schließlich ging es auf Norderney normalerweise sehr friedlich zu, und dass hier in den nächsten vier Wochen ein weiterer Mord passieren würde, war mehr als unwahrscheinlich. Obwohl …

»Gut, das wär's für heute. Ich habe mit Ihnen alles Nötige besprochen. Viel Erfolg! Es liegt nur an Ihnen.« Pielkötter vernahm Salzbachs Stimme wie aus der Ferne. Der Arzt hatte sich bereits erhoben. Er beugte sich zu ihm hin und reichte ihm eine leicht gebräunte feingliederige Hand. »Der nächste Termin bei mir steht in Ihrem Therapieplan, den Sie morgen erhalten.«

Pielkötter verabschiedete sich. Ehe er sich umdrehte, registrierte er zum ersten Mal das Durcheinander von Papierstapeln und Akten auf Salzbachs monströsem Schreibtisch und dann diesen hässlichen Wackeldackel, den er einst auf Kofferraumablagen gesehen hatte, meist neben einer Rolle Toilettenpapier mit gehäkeltem Überzug. Unwillkürlich schüttelte Pielkötter den Kopf, weniger über den merkwürdigen und in seinen Augen äußerst kitschigen Schreibtischschmuck, sondern mehr darüber, dass er ihm erst ganz zum Schluss aufgefallen war. »Du lässt nach, alter Junge«, murmelte er draußen auf dem Gang leise.

Wenig später schaute Pielkötter sich in seinem Zimmer um, als sähe er das Mobiliar zum ersten Mal. Das Bett an der linken Wand, die beiden Sessel an dem kleinen runden Tisch vor dem Fenster neben der Balkontür, die blaugrün gemusterten Übergardinen. Dabei war ihm das Zimmer schon fast zur zweiten Heimat geworden. So lange wie hier hatte er bisher in keinem Hotel und in keiner Pension zugebracht. Missmutig setzte er sich auf die Matratze und trommelte mit den Fingern der rechten Hand auf dem Nachttisch herum. Das Gespräch mit Doktor Salzbach hatte ihn sehr aufgewühlt.

Noch einmal vier Wochen Rehaklinik auf Norderney. Nichts gegen die Insel, aber er vermisste seine Frau Marianne und seinen

Dienst bei der Duisburger Kripo, wo er für Mordermittlungen zuständig war. Wie gerne würde er sich wieder über die flapsige Art seines jungen Mitarbeiters Bernhard Barnowski aufregen, dem er im Laufe der Jahre oder besser gesagt, während der gemeinsamen Fälle, doch erheblich nähergekommen war? Am schlimmsten jedoch empfand er die weitere Ungewissheit. Würde seine verletzte Schulter jemals so weit genesen, dass er seine Arbeit im Duisburger Präsidium wieder aufnehmen konnte? Pielkötter erinnerte sich an den Vorschlag seines Sohnes Jan Hendrik, als Dozent zur Polizeihochschule zu wechseln. Sein Mund verzog sich zu einem verächtlichen Grinsen. Der Rat war sicher gut gemeint, aber eine Lehrtätigkeit kam für ihn nicht infrage. Er brauchte das Wittern, das Aufnehmen einer Spur, das allmähliche Hineinwachsen in das Denken des Täters. Gerade das machte seinen Beruf so interessant, das konnte kein Vortrag über vergangene Fälle ersetzen. Spürsinn konnte man ohnehin nicht erlernen. Okay, vielleicht hatte er im Laufe der Zusammenarbeit mit seinem jungen Untergebenen Barnowski einiges bewirkt, aber sie arbeiteten schließlich seit etlichen Jahren bei der Verfolgung ganz unterschiedlicher Verbrecher zusammen – erfolgreich!

»Du hast dir die Sache mit der Verlängerung selbst eingebrockt«, sagte er laut zu sich selbst.

Natürlich konnte er nicht wissen, wie anders die Heilung verlaufen wäre, wenn er sich darauf konzentriert hätte, die Beweglichkeit seiner Schulter wiederzuerlangen, statt den Mord an einem Mitpatienten aufzuklären. Trotzdem wäre es für seine Gesundheit sicher besser gewesen, er hätte alle Therapiestunden absolviert und sich nicht um das plötzliche Verschwinden seines Tischnachbarn Wolfgang Schröder gekümmert und seinen Mörder aufgescheucht.

Mitten in seine Gedanken hinein klingelte das Telefon.

»Weißt du inzwischen Genaues?«, hörte er Mariannes erregte Stimme. »Ich habe schon einige Male versucht, dich auf deinem

Smartphone zu erreichen, aber du hast das Gespräch nie angenommen.«

»Ja, ich bin auch gerade erst von dem Termin bei Doktor Salzbach zurück.«

»Und, was hat er gesagt?«

»Verlängerung für vier Wochen.«

»Freust du dich?«

»Wieso?«, fragte er irritiert.

»Dann besteht doch Hoffnung, sonst würde die Krankenversicherung das nicht bezahlen und die Beihilfe sowieso nicht.«

»Ich vermisse dich«, ging er nicht darauf ein, dabei kam ihm eine solche Gefühlsäußerung nur äußerst selten über die Lippen. Was war nur mit ihm los? Hatte ihn das Gespräch mit dem Arzt so sehr aufgewühlt?

»Dagegen kann man etwas tun, Herr Kommissar.« Seine Frau lachte. »Als erste Hilfsmaßnahme werde ich dich wieder besuchen und bringe mein Notfallköfferchen mit.«

»Und was ist da drin?«

»Wird nicht verraten. Aber hier ein Tipp: Du bekommst rote Ohren davon.«

Pielkötter musste schmunzeln. Anscheinend hatte sich Marianne auch verändert. Früher hatte sie nie so mit ihm rumgeflachst. Oder war das so lange her, dass er es bereits vergessen hatte?

»Du, Marianne, ich muss jetzt runter zum Mittagessen. Wenn du magst, rufe ich dich am Abend noch einmal an.«

»Ich bitte sehr darum. Und guten Appetit!«

Heute war allgemeiner Anreisetag und er war schon ein wenig gespannt, wen man im Speiseraum an seinen Tisch setzen würde. Auch die beiden Zimmer rechts und links neben seinem würden neu belegt. Jedenfalls nahm er sich vor, sich nicht mehr so abweisend zu verhalten wie Wolfgang Schröder gegenüber. Vielleicht hätte er das Schlimmste verhindern können, wenn er ihm nur etwas besser zugehört und sich für sein Problem interessiert hätte. Dass seine Wiedergutmachung lediglich darin bestanden hatte, den Mord an ihm aufzuklären, nagte ziemlich an ihm.

2

Sören Hinrichsen starrte nachdenklich vor sich hin. Er saß an einem niedrigen Couchtisch in einem breiten Ledersessel. Neben ihm stand eine altmodische Stehlampe mit Stoffschirmchen aus den Fünfziger- oder Sechzigerjahren, die überhaupt nicht zu der ansonsten recht modernen Einrichtung passte. Warum er sich nicht von diesem antiquierten Möbelstück trennen mochte, verstand er selbst nicht. Allenfalls sein Unterbewusstsein mochte wissen, was ihn damit verband. Vielleicht hatte er darunter in seiner Kindheit einst ein geliebtes Stofftier erhalten, sein erstes Matchboxauto oder ein anderes tolles Geschenk. Aber um die Vergangenheit ging es jetzt nicht. Schließlich hatte man ihm und seinem Bruder Knuth heute ein erhofftes Erbe vor der Nase weggeschnappt. Das war sehr ärgerlich, auch wenn er nicht wie Knuth von einem Unrecht überzeugt war und allein deshalb weniger wütend darüber war als Knuth.

Sören stierte vor sich hin. Im Geiste spulte er noch einmal das Streitgespräch ab, das soeben stattgefunden hatte. »Du willst die Sache also einfach auf sich beruhen lassen«, hatte Knuth wütend getönt. »Akzeptierst brav, dass dieser Erbschleicher uns auf hinterhältige Weise bestiehlt.«

»Natürlich begeistert mich das genauso wenig wie dich«, hatte er mit einer Stimme geantwortet, die ebenfalls ärgerlich klang. »Aber was sollen wir machen? Wir sind doch bereits in Berufung gegangen.« Seufzend stand er auf, lief zum Fenster und starrte in den Garten hinaus, den kürzlich ein Landschaftsgärtner im japanischen Stil mit hübschen, großen Ziersteinen gestaltet hatte. »Im Gegensatz zu dir versuche ich einfach zu akzeptieren, was nicht zu ändern ist«, redete er gegen die Scheibe. »Und das Urteil ist nun einmal nicht mehr anfechtbar. Das musst auch du einsehen.«

»Pah! Du hast gut reden«, schnaubte Knuth. »Deine finanzielle Situation sieht ja auch wesentlich rosiger aus als meine. Der Geschenkeladen in bester Lage auf der belebten Einkaufsstraße wirft wohl einiges ab, dazu das schicke, gutbesuchte Café. Du kannst es dir leisten, deine Angestellten mal für dich arbeiten zu lassen. So wie heute Morgen. Da kann man leicht darüber hinwegsehen, dass in unserem Land Gerechtigkeit und Rechtsprechung zuweilen weit auseinanderklaffen.«

Mit zornesrotem Gesicht hob er sein halb volles Saftglas, leerte es in einem Zug und knallte es so hart auf den Tisch, dass es zu zersplittern drohte.

»Du übertreibst«, entgegnete Sören, wobei er zunächst offenließ, ob er die Geste oder die Einstellung seines Bruders meinte. »Möchtest du noch etwas zu trinken?«

»Nein, verdammt, ich möchte mein rechtmäßiges Erbe. Ich bin es einfach leid, von irgendwelchen miesen Jobs abhängig zu sein. Sobald die Saison vorbei ist, brauchen sie nur noch einen Bruchteil der Kellner und dann kann ich mich wieder nach einer neuen Arbeit umsehen. Ich habe das satt, es steht mir bis hier.« Mit der rechen Hand fuhr er sich ans Kinn. »Und die Erbschaft hätte mir ermöglicht, aus dieser elenden Tretmühle herauszukommen. All die dämlichen Sprüche nicht mehr anhören zu müssen: *Herr Ober, wann gedenken Sie endlich, unser Essen zu servieren? Der Wein hätte aber etwas kälter sein können. Der Kaffee ist ja lauwarm. Hat der Koch heute eigentlich seinen freien …*«

»Ich verstehe das ja, aber fairerweise solltest du zugeben, dass du überhaupt nicht weißt, ob Onkel Gerd dir oder uns wirklich etwas hinterlassen wollte. Sehr eng war unser Verhältnis ja nicht gerade. Oft besucht haben wir ihn jedenfalls nicht.«

»Mit Sicherheit war mein Kontakt zu ihm besser als der von diesem Immobilienhai Immenhoff.«

»Das kannst du ebenso wenig beurteilen wie der Richter. Laut

Testament hat Onkel Gerd nun mal Immenhoff die begehrten Grundstücke und die drei Häuser vermacht und nicht uns.«

»Du misst diesem elenden Zettel wirklich eine Bedeutung bei? Einem handschriftlichen Testament? Handschriftlich! Kein Notar! Und das bei unserem überkorrekten Onkel, der selbst die Restaurantrechnungen aufbewahrte, die er nicht steuerlich absetzen konnte. Ich sage dir eins: Wenn Gerd diesem Fiesling wirklich etwas hätte vererben wollen, dann wäre er …«

»Hör endlich auf! Du wiederholst dich. Alle deine Argumente hast du mir schon zig Mal vorgekaut und ich kann sie nicht mehr hören. Zudem führt das ganze Lamentieren zu nichts. Mario Immenhoff hat den Prozess nun einmal gewonnen. Ich bin sicher, das Verfahren wäre anders ausgegangen, wenn wir seine leiblichen Kinder gewesen wären. Aber wir sind nun einmal nur die Neffen. Und deshalb könnte ein Freund ihm durchaus nähergestanden haben als entfernte Verwandte.«

»Freund?«, spie Knuth förmlich aus. »So nennst du dieses miese Stück Dreck? Unser Onkel war niemals mit dem befreundet. Vielleicht hat er sich von Immenhoff Koks oder willige Mädels besorgen lassen, aber das war's dann auch.« Knuth schlug seine Hand mit einer theatralischen Geste vor die Stirn. »Ja, genau! So war es. Der Immenhoff hat ihn high gemacht und ihn anschließend mit dösigem Kopf das Testament schreiben lassen. Dass ich darauf nicht gleich gekommen bin!«

»Du spinnst doch. Wieder so eine von deinen abstrusen Theorien. Ich kann mir kaum vorstellen, dass Gerd freiwillig Drogen zu sich genommen hätte. Da hat mir deine Idee mit dem Erpressen ja noch besser gefallen. Nur … beweisen kannst du weder die eine noch die andere Vermutung. Und ich bin ziemlich sicher, dass nichts davon stimmt. Tatsache ist einfach: Wir wissen nicht, wie Gerd zu Immenhoff stand. Punkt. Aus. Ende.«

»Das hättest du wohl gern. Der elende Erbschleicher sowieso.«

Knuth war mit einer Miene von seinem Sitz hochgesprungen, als hätte man ihm in die edelsten Teile getreten. »Im Gegensatz zu dir bin ich nicht bereit, mir das bieten zu lassen.«

»Was willst du denn unternehmen?«, hatte er gefragte und dabei versucht, möglichst neutral zu klingen, um die Wogen zu glätten.

»Das weiß ich noch nicht, aber ich bin sicher, mir fällt bald etwas ein, und dann möchte ich nicht in Immenhoffs Haut stecken.«

Sören fühlte sich gefangen in diesem hitzigen Gespräch, obwohl sein Bruder ihn schon vor einer halben Stunde verlassen hatte. Seufzend stand er aus seinem Sessel auf und lief ruhelos in seinem Wohnzimmer hin und her. Während er sich vorstellte, wo Knuths blinde Wut hinführen könnte, wischte er sich mehrmals mit der Hand über die Stirn, als wolle er die Bilder in seinem Kopf dadurch verscheuchen.

3

Pielkötter saß in einem kleinen Stuhlkreis mit insgesamt sechs Patienten. Gruppentherapie, er verzog das Gesicht, als hätte man ihn gezwungen, ein Glas Essigreiniger zu trinken. Einzelsitzungen bei Katharina Fallersleben waren schlimm genug, aber seine Probleme vor einer Horde fremder Leute breitzuwalzen, stieß bei ihm auf erheblichen inneren Widerstand, zumal er das alles schon in den ersten Wochen in der Klinik über sich hatte ergehen lassen müssen. Zudem verspürte er nicht die geringste Lust, sich mit den Schwierigkeiten völlig unbekannter Menschen auseinanderzusetzen. Natürlich kannte er das in seinem Beruf zur Genüge, aber dann befand er sich im Dienst und nicht in einer Rehaklinik, die sich besser um seine kranke Schulter kümmern sollte als um sein seelisches Gleichgewicht.

»Zunächst einmal möchte ich Sie ganz herzlich zu unserem kleinen Gesprächskreis begrüßen«, eröffnete die Therapeutin die Sitzung. Die Frau von Mitte zwanzig mit rot gefärbten Haaren hätte locker als seine Tochter durchgehen können. Obwohl Pielkötter sich normalerweise nicht viel aus Kleidung machte, wirkte ihre hässliche giftgrüne Jacke, deren Knöpfe sie abzusprengen drohte, auf ihn sehr negativ. »Ich heiße Juliana Meinertshagen und ich bin Diplompsychologin mit dem Schwerpunkt Gruppentherapie. Ihre Namen stehen auf den Schildchen, die ich für Sie angefertigt habe. Die heften Sie sich bitte gleich an.«

»Ich möchte mich aber gerne richtig vorstellen«, bemängelte Magdalena Kiesewetter. Zumindest stand die Anrede auf dem Schild, das eine etwa vierzig- bis fünfzigjährige Dame mit verkniffenen Gesichtszügen unschlüssig in ihren Händen hielt. »Sonst können die anderen mich gar nicht richtig einschätzen. Es ist ja sehr wichtig, welche Leidenschaften und Fähigkeiten man hat.«

Juliana Meinertshagen starrte Magdalena Kiesewetter zunächst stumm an. Konnte oder wollte die Therapeutin nicht darauf eingehen? »Dazu bekommen Sie später noch Gelegenheit«, antwortete sie erst, nachdem wahrscheinlich niemand mehr aus der Runde mit einer Reaktion gerechnet hatte.

Und dieser weibliche Grünschnabel sollte ihm und den anderen Patienten weiterhelfen? Niemals! Irgendwo hatte er einmal gelesen, dass ein Therapeut seine Schäfchen maximal so weit brachte, wie er selbst gekommen war. Wie Pielkötter die junge Dame in ihrem unvorteilhaften Outfit so einschätzte, konnte das unter Umständen für die Teilnehmer der Runde einen erheblichen Rückschritt bedeuten.

Da war Katharina Fallersleben schon ein anderes Kaliber. Und Mark Milton erst, den er zunächst für einen Serientäter gehalten und der sich als exzellenter Psychologe erwiesen hatte. Der Mann besaß wenigstens Lebenserfahrung im Gegensatz zu dieser Tussi.

»Wie schon erwähnt, sind wir insgesamt eine Gruppe von sechs Teilnehmern«, riss Juliana Meinertshagen ihn aus seinen Gedanken. »Zwei Frauen, Lena Maus und Magdalena Kiesewetter, und vier Männer, Björn Teinert, Oliver Hesseholt, Thorsten Sperling und Willibald Pielkötter. Eine gute Kombination, wie ich finde. In der einen Sitzung wird die Hälfte ihr Problem vorstellen und beim nächsten Mal ist dann die andere Hälfte dran.«

»Aber wenn einer von uns sehr viele Schwierigkeiten hat, müsste dem doch mehr Zeit eingeräumt werden, alles darzulegen«, wandte Björn Teinert ein. Der burschikos wirkende gut dreißigjährige Mann mit einem blonden Bürstenschnitt hatte sich bereits im Gang den andern Gruppenteilnehmern vorgestellt. »Und dann passt Ihre Einteilung nicht mehr.«

Pielkötter konnte nicht recht einschätzen, ob Teinert das fürsorglich meinte oder Juliana Meinertshagen einfach nur hochnehmen wollte. Vielleicht sogar beides.

»Das werden wir dann sehen«, entgegnete die Therapie-Tussi spitz, wobei sie in einem übergroßen Jutebeutel herumkramte, anstatt ihre Schäfchen anzusehen. Endlich hatte sie den gesuchten Gegenstand gefunden. »Ich habe hier einen kleinen roten Rettungsring«, fuhr sie fort, als hielte sie einen großen Schatz in ihren Händen.

Pielkötter malte sich lieber nicht aus, welchen überflüssigen Schnickschnack sie noch mitgebracht hatte. »Aus Erfahrung weiß ich, dass niemand gerne damit beginnen möchte, sein Problem vorzustellen.« Der Grünschnabel und Erfahrung, dachte Pielkötter und brummte in sich hinein. »Deshalb habe ich mir etwas überlegt. Ich setze mich mit dem Rücken zu Ihnen und werfe den Rettungsring über meine Schulter. Derjenige, in dessen Nähe er fliegt, fängt ihn bitte auf.«

»Aber Sie wissen doch genau, wie wir sitzen«, wandte Björn Teinert ein. »Dann könnten Sie ja gleich bestimmen, wer drankommen soll, und können auf Ihr Spielchen verzichten.«

»Bravo!«, rutschte es Pielkötter heraus.

»Ja, ja natürlich«, entgegnete Juliana Meinertshagen, während sich eine leichte Röte bis zu ihrem Haaransatz hochzog. »Selbstverständlich habe ich daran gedacht. Deshalb tauschen Sie bitte Ihre Plätze, sobald ich mich nach hinten gedreht habe.«

Juliana Meinertshagen hatte Pielkötter kurz sogar etwas leidgetan, aber durch die nachgeschobene unglaubwürdige Rechtfertigung hatte sie den kleinen Sympathiepunkt direkt wieder verspielt.

Die Therapeutin drehte den Teilnehmern also den Rücken zu und bis auf Björn Teinert und Pielkötter tauschten alle die Plätze. Das Prozedere erinnerte ihn, einfach zu sehr an einen Kindergeburtstag, als dass er dabei mitmachen wollte. Nachdem sich alle wieder hingesetzt hatten, warf Juliana Meinertshagen den Ring und Oliver Hesseholt fing ihn auf.

»Na also, es geht doch«,sagte Juliana Meinertshagen sichtlich erleichtert. »Nun, Herr Hesseholt, schildern Sie uns bitte Ihr Problem.«

»Problem?« Der Angesprochene wirkte irritiert. »Es sind mehrere.«

»Dann greifen Sie am besten das für Sie Wichtigste heraus.«

»Aber die hängen doch alle irgendwie zusammen.«

»Dann fangen Sie einfach mit dem an, das Ihnen gerade einfällt.« Inzwischen klang Juliana Meinertshagens Stimme leicht genervt.

»Meine Frau ... also, wir, ich denke, wir haben uns etwas auseinandergelebt. Wir unternehmen kaum noch etwas zusammen und ...«

»Haben Sie darüber schon einmal mit Ihrer Frau gesprochen?« Juliana Meinertshagen lächelte nun siegessicher, als hätte sie den weiteren Verlauf der Sitzung im Griff. Wenn Sie sich da mal nicht täuschte.

»Ja und nein.«

»Was denn jetzt?«

»Ich habe es einige Male versucht, aber Susanne hat immer abgeblockt. Sie hat gemeint, die Schwierigkeiten bilde ich mir einfach nur ein.«

»Wann haben Sie Ihre Frau denn das letzte Mal so richtig geküsst?«, fragte Björn Teinert.

»Also ... also, wirklich ... das ist mir jetzt doch etwas zu intim.«

»Herr Teinert, ich muss doch sehr bitten«, schritt Juliana Meinertshagen ärgerlich ein.

»Was ist das denn hier?«, konterte Teinert. »Eine Spiel- und Plauderstunde oder eine Therapie, in der wir die Probleme wirklich angehen. Und in diesem Fall muss eine solche Frage erlaubt sein.« Juliana Meinertshagen klappte den Mund auf, als wolle sie etwas einwenden, aber Teinert redete einfach weiter. »Auf Ihrem Informationsblättchen stand ausdrücklich, dass aktive Teilnahme erwünscht ist und dass jeder, ich betone noch einmal *jeder*, weil Sie das extra unterstrichen haben, den Therapieverlauf positiv beeinflussen kann.«

Pielkötter schmunzelte, diese Sitzung war gar nicht so langweilig, wie er sie sich vorgestellt hatte.

»Man sollte schon auf die Gefühle der anderen Rücksicht nehmen«, schnaubte die Therapeutin. »Herr Hesseholt möchte auf Ihre Frage nicht antworten und basta.«

»Das ist sein gutes Recht, aber genauso gut ist es meins, die Frage zu stellen.«

»Ich finde, wir sollten jetzt wieder sachlich werden und uns auf das eigentliche Problem von Herrn Hesseholt konzentrieren.« Meinertshagens Stimme klang eisig.

»Das letzte Mal zusammen geschlafen haben wir vor einem halben Jahr«, warf Hesseholt völlig überraschend in die Runde und alle Augen richteten sich auf ihn.

»Aber Sie wären schon gerne öfter mit Ihrer Frau zusammen?«, meldete sich Pielkötter zum ersten Mal zu Wort. »Und vorher war das anders bei Ihnen?«

»Ja genau. Und plötzlich meidet sie mich, erscheint erst im Schlafzimmer, wenn ich längst eingeschlafen bin. Na ja, auch tagsüber hat sie immer irgendetwas vor. Nicht einmal mehr in Urlaub fahren will sie mit mir. Wahrscheinlich, weil sie fürchtet, mir dort nicht so gut ausweichen zu können.«

»Dann haben Sie wirklich ein Problem«, bemerkte Teinert. »Sie bilden sich das nicht ein, egal was Ihre Frau behauptet.«

»Schreiben Sie Ihrer Frau Gedichte«, schlug Magdalena Kiesewetter vor. »Ich kann Ihnen da gerne behilflich sein. Auf dem Gebiet der Lyrik bin ich Expertin.«

Pielkötter verdrehte die Augen. Was sollte der Schwachsinn? Jetzt kam Hesseholt gerade ein wenig aus sich heraus, erzählte der Gruppe wahrscheinlich etwas, das er noch niemandem mitgeteilt hatte, und die Frau fing von Gedichten an!

»Wollen Sie noch ein weiteres Problem ansprechen?«, fragte Juliana Meinertshagen und sah demonstrativ auf die Uhr. »Sie haben ja mehrere, die miteinander zusammenhängen, wie sie selbst erwähnten«, schob sie hinterher, nachdem etliche Augenpaare sie erstaunt, irritiert oder gar ärgerlich angeblickt hatten. »Selbstverständlich werden wir uns damit noch eingehender beschäftigen. In der ersten Sitzung jedoch reißen wir die Probleme nur kurz an, damit ...«

»... Ihre Planung nicht durcheinandergerät«, wurde sie von Teinert unterbrochen. »Kein bisschen flexibel. Ohne Rücksicht auf die Patienten. Anscheinend sind wir hier Nebensache, dabei sollte es doch um uns gehen, oder nicht?«

Während Juliana Meinertshagen nach passenden Worten suchte, verfärbte sich erneut ihr Gesicht. »Wenn Sie meine Kompetenz anzweifeln, steht es Ihnen frei, die Gruppe zu wechseln.«

Pielkötter schaute in die Runde. Offensichtlich schien niemand diesen Vorschlag gutzuheißen. Vor allem hielt Björn Teinert offensichtlich nichts davon und das war gut so. Mochte ja sein, dass der Mann etwas auf Krawall gebürstet war, aber er hatte nun einmal Recht. Pielkötter nahm sich vor, ihm das nach dem Ende der Sitzung auch kundzutun. Nein, eigentlich war das zu spät, das musste er jetzt in die Runde werfen. Wie ging er da nur möglichst diplomatisch vor? »Ich finde Herrn Teinerts Vorschlag, die Sitzungen flexibel zu gestalten, sehr hilfreich«, sagte er laut, wobei er sich bemühte, neutral zu klingen.

»Nun, wenn das die Mehrheit so wünscht, werde ich darüber nachdenken«, antwortete Juliana Meinertshagen mit säuerlicher Miene. »Für heute schließe ich die Therapiestunde.«

»Und ich wünsche Ihnen allen einen schönen Nachmittag«, legte Teinert noch einmal nach und schaute verschmitzt in Pielkötters Richtung.

4

Monika Köhler, die in der Abteilung für Wannenbäder in Pielkötters Rehaklinik ihren Dienst versah, war direkt nach Feierabend zu ihrer Cousine Nathalie Mackenbrock geeilt, die um einen baldigen Besuch gebeten hatte. Am Telefon hatte sie völlig erschöpft geklungen. Als Nathalie ihr nun mit dunklen Ringen um die nussbraunen Augen die Tür öffnete, verfestigte sich dieser Eindruck.

Nachdem sie zusammen Kaffee getrunken und ein wenig Smalltalk gemacht hatten, schien sich Nathalie wieder etwas zu fangen, auch wenn sie noch nichts von ihren Problemen preisgegeben hatte. Und sie ging dem auch jetzt aus dem Weg und gab vor, Monika das umgebaute Badezimmer mit Doppelbadewanne zeigen zu wollen. Monika fragte sich langsam, was das seltsame Verhalten ihrer sonst eher rational handelnden Cousine sollte. Nathalie hatte sie garantiert nicht herbestellt, damit sie die neuen grau gemusterten Fliesen begutachtete. Ratlos registrierte sie, wie Nathalie in den Spiegel starrte und missmutig das Gesicht verzog.

»Ich sehe um Jahre gealtert aus«, erklärte sie. »Und die Kopfschmerztablette, die ich vorhin genommen habe, wirkt auch nicht richtig.«

Bis vor Kurzem wäre Nathalie tatsächlich noch für siebenunddreißig, achtunddreißig durchgegangen, obwohl sie im letzten Monat bereits ihren dreiundvierzigsten Geburtstag gefeiert hatte. Als hätte Nathalie diesen Gedanken erraten, fasste sie nach der Perlenkette, die sie zu diesem Anlass von ihrem Mann Gonne bekommen hatte, und streckte sich die Zunge raus.

»Was hast du auf dem Herzen?«, fragte Monika ganz direkt. Sie hatte beschlossen, die Flucht nach vorne zu wagen. »Du weißt, dass du mir alles anvertrauen kannst. Wir sind verwandt, und mir ist völlig egal, dass du die stellvertretende Bürgermeisterin bist. Bei mir sind deine Geheimnisse sicher.«

Abrupt wandte sich Nathalie vom Spiegel ab und warf sich in ihre Arme. »Ich habe mir das alles selbst eingebrockt.« Es klang wie ein Aufschrei. »Nathalie Mackenbrock, die stellvertretende Bürgermeisterin, angesehenes Mitglied im Stadtrat von Norderney, diplomierte Betriebswirtschaftswissenschaftlerin, Gattin eines gut situierten Geschäftsmanns, hat sich auf ganzer Linie in den Mist geritten. Schlimmer geht es kaum noch. Wie konnte ich nur so blauäugig handeln, mich blenden lassen, als sei ich nichts anderes als eine dumme junge Göre.«

»Was meinst du damit? Es fällt mir schwer, dir zu folgen.«

Nathalie löste sich von Monika und blickte ihr ins Gesicht. »Ich, also …«, begann sie und verstummte dann mit verzweifelter Miene.

»So schwer kann es doch nicht sein«, versuchte Monika, ihr zu helfen. »Schließlich hast du niemanden verletzt oder umgebracht. Glaub mir, alles andere lässt sich wiedergutmachen.«

»Ich habe Gonne betrogen und meine Ehe gefährdet. Wahrscheinlich auch meinen Ruf. Und soll ich dir verraten, mit welchem Dreckskerl?« Sie machte eine kunstvolle Pause. »Mit Mario Immenhoff.«

»Das hätte ich jetzt nicht erwartet, aber so was ist anderen auch schon passiert.« Monika betrachtete Nathalie voller Mitleid. Inzwischen sah sie ihrer Cousine nur zu deutlich an, wie sehr ihr seelisches Gleichgewicht aus den Fugen geraten war. »Ich gehe davon aus, du hast bereits mit Immenhoff Schluss gemacht, oder warum nennst du ihn einen Dreckskerl?«

»Eben nicht!«, schrie Nathalie unerwartet hysterisch. »Das Schwein hat mir keine Gelegenheit dazu gegeben. Er hat die Beziehung beendet, nachdem er mir in etlichen heißen Nächten eine rosige Zukunft versprochen hat.« Ihr Blick verfinsterte sich und an ihrem Hals schwoll eine Ader an. »Kannst du dir vorstellen, wie gedemütigt ich mich fühle? Ich bin eine der angesehensten Frauen auf Norderney und der tauscht mich einfach gegen ein unbedeutendes junges Flittchen aus. Das werde ich ihm niemals verzeihen.« Mit wutverzerrtem Gesicht blickte sie wieder in den Spiegel.

Nach der anstrengenden Arbeit in der Klinik konnte Monika kaum noch stehen. Aus Angst, Nathalie könnte ihr Geständnis abbrechen, hatte sie sich jedoch bisher nicht beklagt. Nun aber berührte sie Nathalie am Arm. »Komm, lass uns wieder ins Wohnzimmer gehen und uns dort weiter unterhalten.«

»Du hast Recht. Besonders gemütlich ist es im Bad nicht. Ich wollte es dir unbedingt zeigen. Vielleicht habe ich auch noch eine Galgenfrist gebraucht, bevor ich alles gestehe.« Sie lachte auf, was seltsam gekünstelt klang. »Als du nach meinem Anruf plötzlich vor der Tür gestanden hast, da hat mich wohl der Mut verlassen.« Sie seufzte hörbar. »Möchtest du noch Kaffee oder etwas Kaltes?«

Monika schüttelte den Kopf. »Nur sitzen.«

»Dann schlage ich vor, wir gehen in mein Büro. Gonne könnte bald nach Hause kommen. Und im Moment möchte ich ihm nicht unter die Augen treten.«

»Weiß er eigentlich Bescheid über deine Affäre mit Immenhoff?«

»Die Frage ist nicht leicht zu beantworten. Gehen wir erst einmal hoch.«

Gemeinsam stiegen sie Treppenstufen in die zweite Etage hinauf. Dort lag das Büro. Wie Monika wusste, hatte Nathalie es extra hier oben eingerichtet, weil sie die schrägen Wände so liebte und diesen Blick aus den Gauben nach Norden auf das offene Meer. Heute fiel nur trübes Licht durch die Fenster. Die Sonne hatte sich den ganzen Tag über nicht blicken lassen, und es würde nicht mehr viel Zeit vergehen, bis sie endgültig unterging. Sie betraten den mit modernen hellen Möbeln ausgestatteten Raum.

Nathalie deutete ihr, auf dem buntgemusterten Zweisitzer vor einem ovalen Glastisch Platz zu nehmen und lief selbst geradewegs auf den Schreibtisch zu, der genau zwischen den Gauben stand. »Ich möchte dir was zeigen«, erklärte sie mit ernster Miene und zog die unterste Schublade auf. Vorsichtig tastete sie zunächst darin herum, dann wühlte sie förmlich. Schließlich förderte sie einige Prospekte zutage, legte sie auf den wuchtigen Lederstuhl und kramte weiter. »Zum Kuckuck, wo ist denn dieser verflixte Schlüssel?« Nathalies Gesichtsfarbe war vorhin schon nicht gerade rosig gewesen, aber jetzt erschien Monika ihr Teint noch eine Spur bleicher. Als sie sich zu ihr drehte, drückte ihre Miene Panik aus.

»Was genau suchst du denn?«

»Mir kommt gerade ein schrecklicher Verdacht«, erwiderte ihre Cousine statt einer Antwort. »Gonne hat heimlich meinen Schreibtisch durchsucht und dabei Immenhoffs Schlüssel gefunden.« Sie stieß einen Laut aus, der wie ein missglücktes Lachen klang.

»Weiß er denn jetzt Bescheid?«

»Vielleicht ja, vielleicht nein. Offengestanden habe ich keine Ahnung. Aber wenn er tatsächlich Marios Schlüssel gefunden hat … Und ich war so stolz darauf, dass Mario ihn mir anvertraut hat. Soll ich dir verraten, was er mir zärtlich ins Ohr geflüstert hat: *Du bist die erste und einzige Frau, der ich so sehr vertraue, dass sie ungehindert zu mir kommen kann.*« Sie verzog das Gesicht und sah dadurch plötzlich sehr hässlich aus. »Dabei bietet der Mistkerl wahrscheinlich jeder dahergelaufenen Tussi seinen Schlüssel an. Zumindest denjenigen, die er für seinen Zweck weichklopfen will. Aber ich blöde Gans bin auf das Gesäusel hereingefallen, hatte nichts Besseres zu tun, als den Planungsbeschluss für die Norderneyer Mall durch den Stadtrat zu peitschen und dafür sogar Geld lockerzumachen.«

»Moment Mal«, unterbrach Monika völlig irritiert. »Da komme ich jetzt nicht ganz mit. Welches Geld? Und was hat die Mall damit zu tun?«

Nathalie ignorierte die Fragen und durchwühlte weiter die Schreibtischschublade. Plötzlich erhellte sich ihre Miene für einen kurzen Moment. »Ich habe ihn«, stieß sie erleichtert hervor, doch dann wurde sie wieder sehr ernst. Mit hängenden Schultern kam sie auf Monika zu. Sie hielt etwas in ihrer zitternden Hand. »Leider habe ich bei unserem letzten Treffen nicht einmal ansatzweise geahnt, dass Mario Schluss machen würde. Sonst hätte ich ihm das Teil hier vor die Füße geworfen.«

»Zeig mal!«

Monika fiel sofort auf, dass der Schlüssel zu einem Sicherheitsschloss passte. Er hing an einem Anhänger aus Zinn mit dem eingeritzten oder geätzten Logo von Mario Immenhoffs Immobilienfirma, ein kleines Haus in Giebelansicht mit den Buchstaben IMI.

»Ich weiß überhaupt nicht mehr, was ich denken soll«, erklärte Nathalie. »Eigentlich bin ich sicher, dass ich ihn weiter hinten in der Schublade deponiert habe, doch beschwören kann ich es nicht. Im Augenblick stehe ich zu sehr neben mir. Ich kann einfach nicht mehr klar denken. Kein Wunder nach den vielen schlaflosen Nächten.«

»Du sorgst dich also, dass Gonne dein außereheliches Verhältnis herausgefunden haben könnte? Selbst wenn er den Schlüssel nicht entdeckt hat.«

»Ja, es gibt so viele Möglichkeiten. Der Geruch eines fremden Aftershaves, eine verräterische Miene. Vielleicht hat mich auch jemand mit Mario zusammen gesehen und Gonne das gesteckt.« Sie schien zu grübeln. »Nein, unwahrscheinlich. Eigentlich haben wir uns immer nur in Marios Villa getroffen, bis auf ein Rendezvous ganz weit im Osten der Insel am Strand. Dort könnte uns allenfalls ein nächtlicher Wanderer entdeckt, aber wohl nicht erkannt haben.« Nathalie kehrte zum Schreibtisch zurück, versteckte den Schlüssel wieder in der Schublade und nahm dann neben Monika Platz.

»Manchmal denke ich wirklich, Gonne ahnt etwas. Besonders, wenn er mich so merkwürdig von der Seite ansieht. Und einmal habe ich ihn dabei ertappt, wie er sich anschickte, meine Handtasche zu durchwühlen. Das wäre vor ein paar Monaten noch undenkbar gewesen. Hinterher hat er behauptet, seinen Autoschlüssel zu suchen, aber das habe ich ihm nicht abgenommen.«

»Und was ist jetzt mit dem Geld und dem Stadtrat?«

»Leider habe ich nicht nur einen schwerwiegenden Fehler gemacht. Die Beziehung zu Mario hat eine falsche Entscheidung nach der anderen nach sich gezogen.« Nathalie warf ihr einen flehenden Blick zu. »Auch das muss unter uns bleiben. Sonst bin ich schneller erledigt, als ich denken kann.«

»Ja, ja, selbstverständlich.«

»Inzwischen kann ich mir kaum noch vorstellen, wie Mario es geschafft hat, mich für die Norderneyer Mall zu begeistern. Aber am Anfang war ich wirklich von seinem Lieblingsprojekt überzeugt. Sonst hätte ich wahrlich nicht alle Hebel in Bewegung gesetzt, um skeptische Ratsmitglieder umzustimmen.« Sie seufzte, als läge die gesamte Last der Welt auf ihren Schultern. »Zweifel sind mir erst später gekommen und dann habe ich mich damit beruhigt, dass Mario kein geeignetes Grundstück besitzt, um den Planungsbeschluss in die Tat umzusetzen. Und natürlich bin ich davon ausgegangen, dass ihm so leicht niemand Land verkaufen würde. Die Situation hat sich mit seiner Erbschaft leider geändert. Du hast sicher davon gehört?«

Monika nickte. Am liebsten hätte sie nachgefragt, ob Nathalies Sinneswandel zu der Mall vielleicht nur dadurch ausgelöst worden war, dass Immenhoff mit ihr Schluss gemacht hatte, also aus verletzter Eitelkeit. Sie wollte Nathalies Geständnis jedoch lieber nicht unterbrechen.

»Seit der wichtigen Ratssitzung mit dem Beschluss des Planungsvorhabens habe ich immer mehr Stimmen gegen ein neues Einkaufszentrum gehört«, erwiderte Nathalie. »Nur ist es jetzt zu spät.«

Aha, daher wehte der Wind, sie hatte sich von Immenhoff zu der Befürwortung der Mall treiben lassen und fürchtete nun, da sie ihn verloren hatte, um ihre Popularität. Sie hätte also in doppelter Hinsicht verloren. »Könntest du keine neue Abstimmung …«

»Nein«, fiel Nathalie ihr ins Wort. »Dann würde ich meine Glaubwürdigkeit vollends verlieren. Aber ich habe noch einen Fehler gemacht.«

»Ja?«

»Ich habe Mario Immenhoff fünfzigtausend Euro geliehen, und zwar auf unbegrenzte Zeit, ich Idiotin. Er hat damit andere Ratsmitglieder geschmiert und sie für diese Mall gnädig gestimmt.« Nathalie strich sich mit der Hand über die Stirn.

»Das verstehe ich nicht«, wandte Monika ein. »Wieso leiht er sich Geld von dir, wo er doch einer der reichsten Männer der Insel ist?«

»Weil das zu seinem perfiden Plan gehörte. Dadurch hat er mich in der Hand, er wird jedem erzählen, ich hätte ihm den Auftrag erteilt, die Ratsmitglieder zu bestechen. Mir hat er erklärt, alle finanziellen Mittel lägen fest und er würde erst in ein oder zwei Wochen Bares durch den Verkauf einer Wohnung erhalten. Ich habe ihm das abgenommen, obwohl das sicher nicht stimmte.«

»Hast du die Summe denn nicht zurückgefordert, nachdem er Schluss gemacht hat?«

»Natürlich, doch er hat mir knallhart erklärt, dass ich mich gedulden müsse, bis er wieder flüssig sei. Als ich ihm daraufhin gedroht habe, hat er nur gelacht. *Wenn du die Sache zur Anzeige bringen oder sonst wie an die große Glocke hängen willst, nur zu,* hat er mir mit süffisantem Lächeln entgegengeschleudert. *Vergiss dann aber bitte nicht, dass du dir damit am meisten schadest. Ich gehe davon aus, dass du so klug bist, dich nicht selbst zu belasten.* Seit diesem Gespräch habe ich keine einzige Nacht mehr geschlafen. Zu viele schreckliche Visionen geistern durch meinen Kopf.«

»In deiner Haut möchte ich nicht stecken«, entfuhr es Monika.

»Im Moment bereitet es mir am meisten Sorgen, Gonne könnte die fünfzigtausend Euro vermissen. Es ist nur eine Frage der Zeit, bis ihm auffällt, dass das Geld fehlt. Mario hat bereits genug angerichtet, er darf nicht auch noch meine Ehe zerstören.«

»Du solltest noch einmal mit Immenhoff reden«, erwiderte Monika. »Schildere ihm deine Situation. Am besten, ohne ihn direkt mit Vorwürfen zu überschütten. Ihm kann doch auch nicht daran gelegen sein, dass euer Verhältnis publik wird.«

»Was hat er schon zu verlieren? Er hat keine Frau, die er betrogen hat. Und bei den Einheimischen ist er sowieso nicht beliebt.«

»Trotzdem solltest du es versuchen. Aufhänger für ein Gespräch könnte ja sein, dass du ihm den Schlüssel zu seiner Villa zurückgeben willst.«

Nathalie starrte abwesend in die Ferne, als hätte sie diesen Ratschlag nicht gehört.

5

Miriam Steinhagen hockte mit ihrer Freundin Svenja Dahlmann im Kurpark auf einer Bank. Sie starrten auf den kleinen geschwungenen See, auf dem etliche Enten schwammen. Beide waren leger mit Jeans und kurzen Lederjacken bekleidet, ansonsten sahen sie sich kaum ähnlich. Miriam trug das pechschwarze Haar lang und ihre Gestalt war eher zierlich. Svenja wirkte mit ihren fast ein Meter achtzig für eine Frau eher groß und besaß zudem einen recht kräftigen, durchtrainierten Körper.

»Wir hätten doch lieber in der City oder von mir aus auch an der Promenade einen Cappuccino trinken sollen, anstatt hier wie zwei Rentner auf einer Parkbank abzuhängen«, maulte Miriam.

»Im Moment habe ich einfach null Bock auf Menschen. Etliche Bundesländer haben Ferien, und ich habe das Gefühl, die kennen kaum einen anderen Urlaubsort als Norderney. Außerdem habe ich absolut keine Lust, mich in eines der überfüllten Lokale zu schleppen.«

»Du übertreibst. Im Übrigen hast du zu überhaupt nichts mehr Lust, seit Mario mit dir Schluss gemacht hat.« Miriams Stimme drückte inzwischen eine gehörige Portion Ärger aus. »Wenn ich dran denke, dass du Julian, dieses echte Sahneschnittchen, wegen dieses eingebildeten Fatzkes den Laufpass gegeben hast ... Mario Immenhoff!« Sie spuckte den Namen förmlich aus. »Und du hast doch von vornherein gewusst, auf wen du dich einlässt. Schließlich ist der Knallkopf auf Norderney nicht nur als skrupelloser Immobilienhai bekannt. *Schürzenjäger* nennt meine Großmutter solche Typen. Bricht die Herzen aller Frauen, die blöd genug sind, sich wider besseres Wissen auf ihn einzulassen.«

»Und du willst meine Freundin sein?«, erwiderte Svenja nun ebenfalls ärgerlich. »Statt mich zu trösten, haust du auf mich ein.«

»Tut mir leid, Svenja, ehrlich. Aber das ist nun einmal die Wahrheit. Und wenn eine Freundin das schon nicht sagen darf, wer dann? Und es tut mir einfach auch wegen Julian leid. Thomas, Julian und wir beide waren doch ein so tolles Gespann. Was haben wir zusammen immer für einen Spaß gehabt. Und dann aus und vorbei. Der Immenhoff hat doch nicht einmal versucht, mit uns was zu unternehmen. Hätte mir aber auch keinen Spaß gemacht, mit dem alten Knopf. Also, Julian …«

»Der Julian war voll scheiße im Bett, wenn du das so genau wissen willst. So was von scheiße.«

Svenja drehte sich weiter zu Miriam herum und sah ihr nun direkt in die Augen. »Legt sich einmal kurz auf mich drauf, macht dreimal Ruckzuckzuck und bildet sich ein, eine Frau würde davon multiple Orgasmen bekommen. Der Mario war da schon ganz anders drauf. Der weiß nämlich ganz genau, wie Frauen im Bett ticken.«

»Okay, okay, hättest du aber längst mal was zu sagen können.« Miriam fasste Svenja bei den Schultern. »Aber vergiss nicht, dass es viele nette junge Männer gibt, die …«

»Jetzt redest du schon genau wie meine Mutter«, entgegnete Svenja und verdrehte die Augen. »Ehrlich gesagt, das ist wohl so ziemlich das Letzte, was man von einer Freundin erwartet.«

»Weißt du was? Deine Mutter hat ausnahmsweise einfach Recht. Und ich kann dir wirklich nur raten: schlag dir den Immenhoff aus dem Kopf. Ganz besonders ...« Miriam schien zu zögern. »Ich meine ... weil der jetzt was Ernsteres am Laufen hat.«

Svenja war bei diesen Worten zusammengezuckt. »Woher willst du das wissen?«

»Von meiner alten Schulfreundin Claudia. Ihre Arbeitskollegin in der Boutique, du weißt schon ... wo du mal diese trotz Reduzierung sündhaft teure Lederjacke gekauft hast. Also, die schwebt auf Wolke Nummer sieben, weil sie wohl schon länger mit Immenhoff zusammen ist. Angeblich hat er ihr sogar einen Schlüssel für seine Villa überlassen.«

»Der Dreckskerl!«, entfuhr es Svenja, wobei sie mehrmals mit ihrem rechten Fuß aufstampfte. »Dieser elende Dreckskerl. Mir hat er erzählt, er sei nicht bindungsfähig. Es täte ihm furchtbar leid, aber wenn eine Frau öfter bei ihm gewesen wäre, überfalle ihn eine seltsame Panik. Dann müsse er sich eine neue Partnerin suchen. Das sei wie eine Art Sucht und ich dürfe das auf gar keinen Fall persönlich nehmen. Wenn er anders gestrickt wäre, könnte er sich vorstellen, dass ich die ideale Frau für ihn wäre.«

»Den Mist hast du ihm wirklich abgenommen?«

Svenja wirkte zerknirscht. »Nun ja, Mario hat versprochen, er ginge in Therapie und danach gäbe es für uns sicher eine neue Chance.« Ärgerlich hob sie einen recht dicken Stein auf, der neben ihren Füßen lag, und schleuderte ihn zum See. Allerdings besaß sie kein Talent zum Werfen und er landete auf der Wiese vor dem Wasser. Sie versuchte es noch einmal ohne Erfolg. Dann wandte sie sich wieder zu Miriam. »Bist du sicher, dass Claudia nicht etwas in den falschen Hals bekommen hat?«

»Ziemlich sicher!«

Svenja schwieg eine Weile, und Miriam wagte es nicht, sie in ihren Gedanken zu stören.

»Mein Entschluss steht fest«, fuhr Svenja plötzlich fort und warf ihre langen Haare nach hinten, als wolle sie ihn mit dieser Geste untermauern. »Ich stelle selbst Erkundigungen an. Und wenn es stimmt, was du sagst, dann soll er büßen.«

6

Das Gesicht der Person war in der Dunkelheit kaum zu erkennen. Die nächste Straßenlaterne stand etwas weiter entfernt. Die Kapuze ihrer Trainingsjacke hing halb über die Augenpartie. Dennoch starrte sie unverkennbar in Richtung des Nobelrestaurants mit seinen vier hell erleuchteten Fenstern schräg gegenüber. Besonders zu der Doppelglastür zwischen zwei monströsen Blumenkübeln aus Granit mit kleinen Buchsbäumen, die man wie Pyramiden geschnitten hatte.

Jetzt tauchten Menschen im Eingangsbereich auf und die Person straffte sich. Es dauerte noch eine Weile, dann verließ eine Familie mit zwei halbwüchsigen Mädchen das Lokal. Die Person mit der Kapuze schien an ihnen nicht interessiert zu sein und sie entspannte sich wieder. Auch das ältere Pärchen und die Gruppe von jungen Männern, die wenig später folgten, weckten kaum ihre Aufmerksamkeit. Fast lässig lehnte sie gegen den Kotflügel des Grand Cherokee. Im Moment herrschte Fahrverbot im Innenstadtbereich westlich der Mühlenstraße und nördlich der Hafenstraße, so dass der Wagen entweder schon länger hier stand oder der Eigentümer besaß aus irgendeinem triftigen Grund eine Ausnahmegenehmigung.

Die Person hatte eine Weile gewartet, da öffnete sich erneut die Tür des Lokals. Mario Immenhoff tauchte im Rahmen auf und ihr Herz begann heftig zu pochen. Blitzschnell bückte sie sich, um hinter dem Cherokee zu verschwinden. Von dort schielte sie zu dem Restaurant hinüber. Ein Bediensteter hielt dem stadtbekannten Immobilienmakler die Tür auf, als er die noble Gaststätte in Begleitung einer attraktiven Frau von Mitte zwanzig verließ. Sie hatte das lange blonde Haar zu einer kunstvollen Frisur hochgesteckt und trug an beiden Ohren Kreolen. Bei dem herbstlich frischen Wind fror sie sicher in ihrem ärmellosen, seidig glänzenden kurzen

Sommerkleid. Immenhoff schien das zu bemerken, denn er legte ihr wenig später sein Jackett um die nackten Schultern. Vielleicht hatte sie auch darum gebeten. Die junge Frau lachte. Immenhoff zog sie zu sich und sie küssten sich innig. Ob dieser Austausch von Zärtlichkeiten die Person in dem Trainingsanzug störte, konnte man nicht erkennen. Jedenfalls beobachtete sie die beiden, immer noch gut versteckt hinter dem Grand Cherokee. Erst als das turtelnde Pärchen ihr den Rücken zudrehte, kam sie aus der Deckung und folgte ihm in gebührendem Abstand.

Immenhoff und die Frau liefen zur Promenade oberhalb des Nordbadestrandes. Ihr Ziel war ein Mast, an dem sie zwei Fahrräder angekettet hatten. Seltsam, dass sie damit nicht zum Restaurant gefahren waren oder wollte er sich mit Jackett auf einem Rad nicht sehen lassen? Sie öffneten die Schlösser und fuhren los. Wer hätte gedacht, dass der übermotorisierte Immenhoff, der einen Geländewagen, ein 280 SLK Cabrio und eine Harley Davidson sein Eigen nannte, sich auf einen Fahrradsattel setzen würde? Aber vielleicht war das die Idee seiner Begleiterin gewesen und er hatte ihr den Wunsch nicht abschlagen können.

Die Person hielt sich weiter hinter ihnen. Wahrscheinlich würde sie Immenhoff und die Frau schnell aus den Augen verlieren, aber wie sich bald herausstellte, hatten die beiden es nicht gerade eilig. Sie fuhren Schlangenlinien und lachten dabei, erzählten pausenlos, wobei sie die Räder oft fast auslaufen ließen und erst im letzten Moment wieder in die Pedale traten. Deshalb bereitete es der Person kaum Mühe, einen für die Beobachtung günstigen Abstand einzuhalten.

Das Paar radelte weiter nach Osten. Vermutlich wollten sie zu Immenhoffs Villa. Bevor sie ihr Ziel erreichten, machten sie jedoch einen etwas längeren Zwischenstopp mit inniger Umarmung. Fast sah es aus, als würden sie jeden Moment am Rand der Dünen übereinander herfallen, um sich im Sand zu lieben, doch dann lösten sie sich plötzlich und bestiegen wieder die Räder.

Wenig später erreichten sie Immenhoffs imposantes Anwesen. Immenhof besaß Geschmack. Die große weiße Villa mit dem hübschen Reetdach wirkte repräsentativ und wohnlich zugleich. Er öffnete das Tor zu seinem Grundstück und lud die Frau mit einer Geste ein, vor ihm sein Reich zu betreten. Den riesigen Vorgarten hatte anscheinend ein talentierter Landschaftsgärtner gestaltet. Kleine Steinlampen in Form von Tempeln und Pagoden gruppierten sich um einen Teich mit Schilf und Bambusbüscheln. Auf einem künstlich geschaffenen Hügel wuchsen unterschiedliche Gräser, dazwischen waren dekorative Felsbrocken aus Granit drapiert. Einer davon erinnerte an die Gesetzestafel, die Moses im Sinai oben auf dem Horeb erhalten haben sollte.

Als Immenhoff mit seiner Begleiterin den Weg zum Eingang hochlief und schließlich die Villa betrat, stand die Person am Gartenzaun und starrte ihnen hinterher. Sie verharrte auch noch dort, nachdem die beiden aus ihrem Sichtfeld verschwunden waren, und schien nachzudenken. Vielleicht fasste sie gerade einen Plan, der Mario Immenhoff nicht gefallen würde. In der ersten Etage erhellten sich zwei Fenster. Kurz darauf tauchte dort die Silhouette zweier Körper auf, die zu einem Schatten verschmolzen und sich dann voneinander lösten. Jemand näherte sich den Fenstern. Es war die Frau, die sich anschickte, die Gardinen zuzuziehen.

Die Person warf den Kopf ruckartig zur Seite, als hätte man sie geschlagen. Es dauerte nur den Bruchteil einer Sekunde, bis sie sich wieder gefangen hatte. Sie starrte zu einem Holzspalier an der rechten Häuserfront. Der Blick glitt an dem halb mit Pflanzen zugewucherten Spalier nach oben bis zu einem Balkon mit einer Brüstung aus Stein im ersten Stock. Womöglich konkretisierte sie gerade ihren Plan oder fasste einen ganz neuen. Während sich Mario Immenhoff ahnungslos mit seiner jungen Geliebten vergnügte, verschwand die Person in der Dunkelheit, aber vielleicht würde sie zu einem anderen Zeitpunkt wiederkommen.

7

Heute am Sonntag gab es keine einzige Therapie. Pielkötter war das nur recht. Er hatte lange überlegt, was er an diesem freien Tag anstellen sollte, und sich schließlich für das Bademuseum entschieden. Das hatte seine Lieblingsangestellte in der Klinik, Schwester Monika, ihm einmal wärmstens empfohlen. Bei dem etwas unbeständigen, regnerischen Wetter hatte er ohnehin wenig Lust, sich für längere Zeit an der frischen Luft aufzuhalten. Er besaß keinen Friesennerz und hatte vor vier Wochen, als er kurz nach seinem Krankenhausaufenthalt zur Reha aufbrechen musste, nicht damit gerechnet, so lange hierzubleiben, und zu wenig Kleidung für kühlere Tage mitgenommen. Eigentlich wäre ein Besuch im Thalasso-Bad für heute auch infrage gekommen, aber zum einen standen ohnehin reichlich Wasseranwendungen auf seinem Therapieplan und zum anderen wollte er sich das Vergnügen für das gemeinsame Wochenende mit Marianne aufsparen. Schließlich hatte seiner Frau das ganze Ambiente dort bei ihrem ersten Aufenthalt auf der Insel sehr gut gefallen.

Der Weg zum Bademuseum führte Pielkötter mitten durch die City. Er hätte auch eine andere, wahrscheinlich kürzere Route wählen können, aber er hatte schließlich nichts vor. Pielkötter gewann den Eindruck, als wären mehr Menschen unterwegs als sonst. Anscheinend nutzten viele Urlauber die Zeit nach dem Mittagessen, um in der Fußgängerzone zwischen dem Kaiser-Wilhelm-Denkmal und dem Conversationshaus zu bummeln. Den Mittelpunkt des gesellschaftlichen Lebens auf Norderney hatte Pielkötter in dem hinteren Bereich bisher noch nicht erkundet und er war schwer beeindruckt von der Architektur der gut erhaltenen alten Gebäude. Nachdem er sich in dem Viertel gründlich umgesehen hatte, kam er an dem Fischerhaus-Museum vorbei. Es wäre bestimmt nett, sich die historische Inneneinrichtung anzuschauen, aber auch diese Besichtigung wollte er sich lieber für das Wochenende aufsparen, wenn Marianne ihn besuchen kam.

Wie sich herausstellte, war es ein Glück, dass Pielkötter den Nachmittag für seinen Abstecher in das Museum gewählt hatte, das sich im Gebäude des ehemaligen Meerwasserfreibades befand. Es öffnete heute erst um vierzehn Uhr. Er zahlte das Eintrittsgeld von vier Euro, einen Audioguide nahm er nicht. Die Führung »Reiselust und Badespaß« durch die Dauerausstellung sollte sechzig Minuten dauern und er wollte lieber ein individuelles Tempo wählen. Er zog seine Jacke aus und sah sich zunächst in der Galerie Hans Trimborn um. Normalerweise hatte Pielkötter nicht gerade viel für Gemälde und Zeichnungen übrig, aber die Werke dieses bekannten Friesischen Malers gefielen ihm. Besonders mochte er das Motiv mit drei bunten Segelschiffen. Ihre Masten ragten weit in den von weißen Wolken durchzogenen Himmel und ihre Rümpfe spiegelten sich im Wasser wider. Pielkötter betrachtete das Bild eine Weile, bevor er weiterging, um die anderen Exponate anzuschauen. Dabei fiel sein Blick auf Thorsten Sperling.

Der Teilnehmer seiner Gruppentherapie, der sich dort bisher nicht besonders hervorgetan hatte, stand ganz versunken vor einem eindrucksvollen Frauenporträt des Malers. Zunächst wollte Pielkötter ihn ansprechen, hielt sich dann jedoch zurück. Etwas an Sperlings Haltung bedeutete ihm, dass er den Mann auf keinen Fall stören durfte. Pielkötter wartete etwa eine Minute, aber Sperling schien seine Anwesenheit nicht zu bemerken und rührte sich nicht von der Stelle.

Pielkötter wandte sich den Ausstellungstücken des Bademuseums zu. Vieles, was hier von der Geschichte des ersten Seebades auf deutschem Boden dargestellt wurde, hatte er noch nie gehört oder bereits vergessen. Was gab es hier neben der Unmenge an Fotografien aus vergangener Zeit nicht alles zu sehen? Waschzuber, alte Wannen, Koffer und andere Reiseausstattung, sogar ein typisches Fremdenzimmer mit antiken Möbeln. An einigen Stellen musste Pielkötter über die Badekultur schmunzeln. Welcher Aufwand da betrieben wurde, um Männer und Frauen in getrennten Badekarren ins Meer zu ziehen und so vor gegenseitigen Blicken zu schützen. Am meisten jedoch interessierten ihn die Informationen über die »Frisia Flotte«, weil er mit einem Fährschiff dieses Namens auf die Insel gefahren war.

Nachdem er den Rundgang beendet hatte, kehrte er kurz in die Galerie Hans Trimborn zurück. Thorsten Sperling stand immer noch vor dem Bild. Pielkötter seufzte leise. Der Mann musste große Probleme haben, nahm er an. Leider war Juliana Meinertshagen wohl nicht die richtige Therapeutin, um ihm großartig weiterhelfen zu können. Hoffentlich konnten wenigstens die Teilnehmer etwas Positives bewirken.

8

Keuchend rannte Miriam neben Svenja den Weg entlang, der mitten durch die Dünen führte. Svenja hatte sie zu dieser Runde überredet, und sie hatte schließlich zugestimmt, um das momentan etwas angespannte Verhältnis zwischen ihnen nicht noch mehr zu belasten. Die Stadt hatten sie längst hinter sich gelassen und bald würden sie den Leuchtturm passieren. Inzwischen brannte Miriams Lunge, aber sie joggte weiter. Sie war gewillt, das Letzte aus ihrem Körper herauszuholen, der viel weniger trainiert war als der ihrer Freundin, die regelmäßig Sport trieb.

Miriam gewann immer stärker den Eindruck, Svenja müsse ihre angestaute Wut über Immenhoffs Verhalten abreagieren. Als Claudia die Informationen über Immenhoffs neue Flamme bestätigt hatte, war sie förmlich ausgerastet. Am meisten schien sie zu erzürnen, dass er mit der Tussi in der Öffentlichkeit auftrat, während er mit ihr die gemeinsamen Stunden fast ausschließlich in seiner Villa, genauer gesagt, im Schlafzimmer verbracht hatte. Wie Svenja ihr anvertraut hatte, gab es nur zwei Ausnahmen: ein Liebesspiel auf dem Fell vor dem Kamin und ein Quickie im Strandkorb auf der Terrasse, bei dem Svenja vom Frieren blaue Lippen bekommen hatte. *Nicht einmal eine einzige Nacht in einem schicken Hotel,* hatte sie immer wieder wütend geschrien und auf Miriams neues Sofakissen eingeschlagen. So außer sich hatte sie die Freundin noch nie erlebt.

Während sie weiterliefen, spuckte Svenja mehrmals auf den gepflasterten Weg. Oft fuhren hier Urlauber mit den Rädern entlang, aber bei diesem stürmischen Wind, der mit einem Mal aufgekommen war, saßen die meisten von ihnen jetzt wohl lieber in einem der schicken Lokale und Restaurants oder in den nett aufgemachten Bars ihrer Unterkünfte. Offensichtlich hatte Svenja ihrem Frust noch nicht abgelegt. Miriam konnte die Wut auf Immenhoff allerdings nur zum Teil verstehen. Schließlich hätte Svenja das Gesülze über Bindungsunfähigkeit und Panikattacken bei zu viel Nähe nicht glauben müssen. Warum hatte sie ihm diesen Schwachsinn nur abgenommen?

»Bindungsunfähig«, stieß Svenja plötzlich hervor, als hätte sie Miriams Überlegung aufgeschnappt. »Der ach so große Immobilienmakler hat mich tatsächlich für so blöd gehalten, dass er mir jeden Mist unterjubeln konnte.« Sie spuckte erneut auf den Boden. »Auch dafür muss er bezahlen.«

»Was meinst du damit?«, fragte Miriam völlig außer Atem.

»Ich überlege es mir noch.«

Es begann zu regnen und die Tropfen fielen auf ihre Haare und die Gesichter. Miriam wäre am liebsten umgekehrt, traute sich aber nicht, diesen Vorschlag anzubringen. Svenjas Augen funkelten seltsam und sie wirkte völlig auf ihre Gedanken fixiert. Miriam hoffte, die Regentropfen würden die Wut abkühlen und unnötigen Ballast aus dem Kopf ihrer Freundin peitschen, doch danach sah es nicht aus. Eher im Gegenteil.

Plötzlich tauchte ein Jogger von vorne auf und Svenja wäre fast mit ihm zusammengestoßen. Offensichtlich war sie so mit sich beschäftigt gewesen, dass die Umgebung für sie kaum noch existierte. Miriam sah kurz in sein zorniges Gesicht. Sie kannte den Mann, wie man als Insulanerin andere Norderneyer kennt, die nicht unbedingt in der unmittelbaren Nachbarschaft wohnen. Er hieß Knuth Hinrichsen und schien nicht gerade bester Laune zu sein. Willkommen im Club der Frustrierten, dachte sie mit einem Seitenblick auf ihre Freundin, die weiter völlig abwesend die Landschaft durchpflügte, während sich ihr Mund zu einem fast diabolischen Lächeln zu verziehen begann.

Miriam gab ein kurzes »Hallo« von sich, aber Knuth grüßte seltsamerweise nicht zurück. Er beachtete sie nicht, war vielleicht in genauso düstere Gedanken versunken wie Svenja.

9

Mario Immenhoff saß in seinem Wohnzimmer in einem bequemen Ledersessel und massierte seinen schmerzenden Nacken. Warum musste Jessika ausgerechnet heute Abend bei ihrer dusseligen Tante eingeladen sein? Ihre zarten Hände hätten die Beschwerden sicher gelindert. Die Verspannung, die ihn seit zwei Tagen quälte, dauerte immer noch an, obwohl er zwischenzeitlich starke Tabletten eingenommen hatte. Die Schmerzen waren aufgetreten, nachdem seine Sekretärin Birgit Hoppenstraat ihm von dem geplanten Treffen der Norderneyer Geschäftsleute und Hoteliers erzählt hatte. Auch wenn ihn das morgen stattfindende Meeting aus mehreren Gründen ärgerte, sah er keinerlei Zusammenhang zu seinen Beschwerden. Früher hatte er selbst einmal zu dem erlauchten Club gehört, aber das war schon ein paar Jahre her. Seit er einigen Alteingesessenen mit seinen Geschäftsmethoden auf die Füße getreten hatte, wurde er nicht mehr zu den Runden eingeladen. Immenhoff seufzte laut. Er hätte darauf gewettet, dass es in der außerplanmäßigen Sitzung um sein neues Projekt ging, die Norderneyer Mall.

Sehnsüchtig schielte er zu der Flasche mit dem sündhaft teuren Cognac auf dem Beistelltisch direkt neben seinem Sessel. Natürlich vertrug sich der Alkohol nicht mit dem Medikament, aber wenn das richtig gewirkt hätte, müsste er jetzt nicht zusätzlich nach einem Mittel greifen, das ihn endlich ein wenig entspannte. Ein kurzer innerer Kampf, dann beugte sich Immenhoff zu dem Tischchen und goss sich eine großzügige Portion Cognac ein. Er setzte den Schwenker an seine Lippen, sog mit der Nase das Aroma ein und ließ einen ordentlichen Schluck durch seine Kehle brennen. Wenige Minuten später fühlte er sich schon wesentlich besser, selbst der Schmerz hatte etwas nachgelassen.

Als er an Fischkopp, den Vorsitzenden des Clubs, dachte, führte er das Glas erneut zum Mund und leerte es in einem Zug. »Ich werde es ihnen zeigen«, murmelte er vor sich hin. »Egal, was sie morgen gegen mich auszuhecken gedenken. Ich werde es allen zeigen.« Mit verächtlicher Miene goss er sich eine weitere Portion Cognac ein und starrte zu der gläsernen Terrassentür. Er hatte sie vorhin ein wenig geöffnet, um frische Luft hereinzulassen. Weil er einen Druck auf seiner Blase spürte, erhob er sich und schwankte ins Bad. Das Rauschen der Klospülung verebbte gerade, da hörte er ein anderes Geräusch. Es war sehr leise, aber er hatte gute Ohren. Außerdem hatte er die Toilettentür offengelassen.

Immenhoff schlich mit unkoordinierten Schritten zum Wohnraum zurück, aus dem er das Geräusch vernommen hatte. Er sah sich um, konnte jedoch zunächst nichts entdecken, was es verursacht haben könnte. Plötzlich fiel sein Blick auf den Boden neben der Terrassentür. Auf dem Parkett lag ein kleiner zerbrochener Leuchtturm aus Keramik, der zusammen mit anderen Dekoartikeln an einer täuschend echt wirkenden, gut ein Meter hohen Graspflanze gehangen hatte. Immenhoff lief einige Schritte darauf zu. Während er sich bückte, um die Bruchstücke aufzuheben, wurde ihm schwindelig. Das war der Wind, dachte Immenhoff und schloss die Terrassentür. Eine Weile stand er da und starrte nach draußen in die Dunkelheit. Schließlich verspürte er nur noch den Wunsch, tief und fest zu schlafen. Auf unsicheren Beinen stieg er ins Obergeschoss.

Immenhoff lag mehr oder weniger regungslos in seinem breiten französischen Bett mit vier auffälligen Pfosten aus Messing, zwischen denen sich am Kopfende ein Foto der Skyline von Manhattan erstreckte. Entgegen seiner sonstigen Gewohnheit hatte Immenhoff vergessen, die Jalousien herunterzulassen, so dass der Mond ins Zimmer schien und die Konturen der Möbel erkennen ließ. Mit einem Mal zuckten Immenhoffs Augenlider. Was störte ihn? Er drehte den Kopf ein wenig zur Seite und lauschte. Huschte da etwa jemand im Flur herum? Nein, das bildete er sich nur ein. Eine Weile blieb alles still, dann vernahm er wieder ein leises Knacken. »Jessika, bist du das?«, wollte er rufen, aber seine Kehle fühlte sich plötzlich an wie zugeschnürt. Allerdings passte es gar nicht zu ihr, unangemeldet bei ihm aufzutauchen, obwohl er ihr einen Hausschlüssel gegeben hatte. Aber wer, wenn nicht sie ...

Die Vorstellung, die nun durch seinen Kopf geisterte, ließ sein Herz heftig klopfen. Adrenalin rauschte durch seine Adern. Er hätte seine Villa besser absichern sollen. Was, wenn sich Einbrecher in seinem Haus befanden? Immenhoff kam nicht dazu, über eine Strategie nachdenken. Starr vor Schreck schaute er zur Tür. Soviel er bei dem Schein des Mondes erkennen konnte, bewegte sich die Klinke langsam nach unten. Plötzlich flog sie mit einem Ruck auf. Immenhoffs Herz schien für einen Schlag auszusetzen. Er sah eine vermummte Gestalt. Nein, gleich mehrere. Zu dritt stürmten sie ins Zimmer. Alle hatten Mützen über ihre Gesichter gezogen. Während ihm der Schweiß ausbrach, griff Immenhoff nach dem Smartphone auf dem Nachttisch. Der erste Eindringling war jedoch schneller. Er schleuderte es auf den Boden und trat mehrmals mit dem Fuß darauf. Immenhoff wollte protestieren, bekam aber nur ein leises Krächzen heraus.

»Was soll das?«, brachte er schließlich mit fast versagender Stimme hervor. Dass die Gesichter nicht zu erkennen waren, ließ ihn nichts Gutes ahnen.

»Das wirst du gleich spüren«, erwiderte die kräftigste der drei Gestalten.

Die Stimme kam Immenhoff bekannt vor. Wenn ihn nicht alles täuschte, gehörte sie Fischkopp, dem Vorsitzenden des Clubs der erlauchten Norderneyer. Für einen kurzen Moment atmete Immenhoff auf. Seltsamerweise beruhigte ihn ein wenig, dass der

Vermummte kein Fremder war. Und kein Verbrecher. Wahrscheinlich wollte er ihm nur Angst einjagen. Er hatte es noch nicht zu Ende gedacht, da traf ihn ein Faustschlag mitten ins Gesicht. Sein Kopf schien zu platzen. Ehe er sich davon erholen konnte, zerrten die Männer an seinen Armen. Sie banden seine Handgelenke mit Stricken zusammen. Hilfe, was sollte das?

In wilder Panik sah sich Immenhoff nach einer Fluchtmöglichkeit um. Sein Herz galoppierte. Er versuchte, sich aufzurichten, als ihn ein neuer Faustschlag niederstreckte. Machtlos musste er über sich ergehen lassen, wie die Vermummten ihn mit den Händen an den Bettpfosten fesselten. Immenhoff bäumte sich auf, trat vergeblich nach den Angreifern. Er hatte keine Chance gegen sie, konnte nichts dagegen tun, dass sie auch seine Füße fixierten. Jetzt war er nicht einmal in der Lage, den brennenden Schweiß aus seinen Augen zu wischen. Er fühlte sich wie ein Opfer in einer mittelalterlichen Folterkammer. Verzweifelt starrte er den Vermummten an, den er für Fischkopp hielt. Als Immenhoff ein Messer mit langer Klinge in seiner Rechten erkannte, blieb ihm fast das Herz stehen.

»Ich hoffe, du hast dein Testament gemacht«, hörte er Fischkopps Stimme. »Deine Erben können sich freuen. Nur von der Norderneyer Mall profitieren sie nicht. Kein Wunder, wo das Projekt gleich mit dir stirbt.« Mit einem höhnischen Lachen stürzte sich der Mann auf ihn. Das Messer kam näher. Als es seine Eingeweide zerschnitt, schrie Immenhoff laut auf.

Während der Schrei durch das Schlafzimmer hallte, öffnete Immenhoff die Augen. Benommen richtete er sich auf und besah seine Hände. Er bewegte sie ungläubig hin und her, als könne er nicht begreifen, dass er aus einem Albtraum aufgewacht war. Sein Atem ging immer noch schnell. Fahrig wischte er sich den Schweiß von der Stirn. Mitten in der Bewegung hielt er inne und starrte zur Tür.

Dort stand doch jemand! Eine maskierte Gestalt wie aus dem Traum. Immenhoff zitterte am ganzen Körper. Seine Muskeln schienen ihm nicht zu gehorchen. Während er mühsam aus dem Bett stieg, achtete er nicht auf die Tür. Als er wieder hinschaute, war die Gestalt verschwunden. »Das gibt es doch nicht«, flüsterte Immenhoff ungläubig. Hatte er etwa noch geträumt? Vielleicht gab es einen kurzen Zustand nach dem Traum, in dem er sich in der Wirklichkeit fortsetzte. Trotzdem musste er nach dem Rechten sehen.

Immenhoff hastete in den Flur, wobei er erheblich schwankte. Verwirrt machte er Licht und starrte durch die Diele, dann die Treppenstufen hinunter, konnte aber niemanden entdecken. Sollte er besser die Polizei informieren? Auf unsicheren Beinen lief er zurück ins Schlafzimmer. Das Smartphone lag auf dem Nachttisch, wo er es abends hingelegt hatte. Nein, für einen Anruf auf der Wache hatte er nicht genug in der Hand. Wahrscheinlich hatte er wirklich so einen kurzen Zustand zwischen Wachsein und Traum erlebt. Möglicherweise hatte er auch zu viel Alkohol getrunken. Trotzdem war er nicht geneigt, die Angelegenheit auf sich beruhen zulassen.

Denk nach, ermahnte er sich. Sofern die Gestalt tatsächlich real existierte, war sie vor ihm geflüchtet. Das konnte nur bedeuten, dass sie keine Pistole bei sich trug und sich ihm im Nahkampf ohne Überraschungseffekt unterlegen fühlte. Suchend schaute er sich um. Schließlich fiel sein Blick auf eine Tänzerin aus Bronze. Die Figur war schwer genug, um sich im Notfall damit verteidigen zu können.

Nachdem Immenhoff alle Räume einschließlich Kellergeschoss inspiziert hatte, ohne etwas Auffälliges entdeckt zu haben, holte er sich ein Glas Wasser aus der Küche. Neben der Wasserflasche, lagen die Tabletten. Aus einem Impuls heraus zog er den Beipackzettel aus der Schachtel und studierte die Nebenwirkungen des Medikaments. »Du Blödmann«, stöhnte er plötzlich. Da stand es doch schwarz auf weiß, dass gelegentlich Halluzinationen auftreten konnten, besonders in Verbindung mit Alkohol. Beruhigt löschte Immenhoff in der Küche das Licht.

10

»Schluss für heute!«, verkündete Beate Hagen, die neue Trainerin für Wassergymnastik. Pielkötter fand, dass sie ihre Sache gut machte und er wäre gerne ein wenig länger in dem wohltemperierten Wasserbecken geblieben. Stattdessen beeilte er sich, um pünktlich bei der zweiten Gruppentherapiestunde zu sein. Er duschte im Schnelldurchgang und zog sich eilig an. Die Zeit war knapp, aber es half nichts, er musste noch einmal zu seinem Zimmer zurück, um die nasse Badehose und sein Handtuch aufzuhängen. Als er es wieder verließ, trat einige Türen weiter Richtung Treppenhaus auch Thorsten Sperling auf den Gang, der ja zu seiner Gruppe gehörte.

»Nehmen Sie mich mit zu unserer gemütlichen Runde«, scherzte Pielkötter, wobei er sich im selben Moment darüber wunderte, dass seine Laune erheblich besser war als vor der ersten Sitzung. Nun ja, vielleicht war das doch nicht so verwunderlich. Die Therapie war zwar etwas aus dem Ruder gelaufen, aber auch interessant und kurzweilig. Außerdem gab es Verbündete, die ebenso wie er nicht bereit waren, sich von der unfähigen Juliana Meinertshagen Unverschämtheiten bieten zu lassen. Vor allem jedoch war er neugierig, wie die Meinertshagen sich heute schlagen würde. Und würde dieser alberne rote Rettungsring genau auf ihn zusausen, würde er ihn nicht auffangen. Solche blöden Spielchen machte er auf gar keinen Fall mit. Wenn er sich schon zu seinen Problemen äußern sollte, dann wollte er dazu bitte schön höflich aufgefordert und nicht wie ein Kind auf einem Kindergeburtstag behandelt werden.

»Wir können gerne zusammen nach unten gehen«, erwiderte Sperling. »Aber offen gestanden würde ich jetzt lieber alles Mögliche tun, nur nicht an dieser Sitzung teilnehmen.«

»Das kann ich gut nachvollziehen. Mir geht es ganz ähnlich wie Ihnen, aber wenn Sie den Therapieplan nicht einhalten, bekommen Sie Ärger. Ich kann davon ein Lied singen. Vielleicht wird es ja heute ganz lustig. Jeder einzelne von uns ist wohl für Überraschungen gut.«

Auf Sperlings Gesicht zeigte sich flüchtig ein kleines Lächeln, dann wurde er wieder sehr ernst. Der Mann schien wirklich arge Probleme zu haben.

Als sie den Gruppenraum erreicht hatten, saßen die anderen Teilnehmer schon in der Runde und unterhielten sich lebhaft, nur von Juliana Meinertshagen fehlte noch jede Spur. Sperling und Pielkötter nahmen nebeneinander Platz. Rechts von Pielkötter saß Björn Teinert, links von Sperling befand sich der einzig noch leere Stuhl.

Sie hatten kaum ein kurzes »Hallo« von sich gegeben, da erschien Juliana Meinertshagen, wieder in diese grässliche grüne Jacke gepresst. Am liebsten hätte Pielkötter ihr väterlich empfohlen, sie einfach offen zu tragen, denn sie drohte, die Knöpfe abzusprengen. Er schüttelte über sich selbst den Kopf. Was war nur mit ihm los? Sonst interessierte ihn doch überhaupt nicht, wie jemand angezogen war, Hauptsache, er wirkte damit nicht anstößig.

»Herzlich willkommen zu unserer zweiten Therapiestunde«, begrüßte Juliana Meinertshagen die Gruppe. »Wie ich sehe, haben die Geschlechter sich hübsch aufgetrennt, links von mir die Damen, rechts die Herren. Ich will das für heute einmal gelten lassen, aber beim nächsten Mal setzen Sie sich bitte etwas gemischter.«

Pielkötter empfand es als äußerst ungeschickt, direkt mit Kritik zu beginnen. Viel dazugelernt hat die bisher nicht, überlegte er.

»Ich denke, jeder sollte sich dort platzieren, wo er sich am wohlsten fühlt«, machte auch Björn Teinert seiner Rolle alle Ehre.

»Wer sich wo am wohlsten fühlt, können Sie doch überhaupt nicht beurteilen, solange sie nicht mehreres ausprobiert haben«, entgegnete die Therapeutin spitz.

»Vielleicht sollte ich zur Auflockerung und Einstimmung eines meiner Gedichte vortragen«, schlug Magdalena Kiesewetter vor. »Ich hätte da eins mitgebracht, das würde jetzt wirklich gut passen.«

»Später vielleicht, aber jetzt beginnen wir erst einmal mit Herrn Hesseholt. Das Problem mit seiner Frau kam ja beim letzten Mal etwas zu kurz. Hmm, ich meine, seine ganzen Probleme.« Juliana Meinertshagen sog hörbar die Luft ein und fixierte dabei alle Teilnehmer mit starrem, nicht gerade freundlichem Blick. »Aus diesem Grund habe ich heute darauf verzichtet, unseren kleinen Rettungsring mitzubringen, und erteile Oliver Hesseholt das Wort. Also, Herr Hesseholt, würden Sie bitte noch einmal Ihr Problem schildern?«

»Probleme«, verbesserte er.

»Dann eben gleich mehrere, wenn Sie nur bitte jetzt anfangen würden, schließlich wollen die anderen ...«

»Einen Sitzplatz, wo man sich wohlfühlen soll, aber Druck ausüben«, bemerkte Björn Teinert zu Pielkötter, jedoch so laut, dass es alle hören konnten.

Hesseholt wirkte irritiert, doch dann begann er: »Vorab möchte ich etwas betonen: Die Gruppe hat mir beim letzten Mal wirklich sehr weitergeholfen. Für mich ist es schon viel wert, dass ich nun weiß, dass die Probleme, die meine Frau und ich haben, nicht einfach wegdiskutiert werden können, wie Susanne das gerne versucht. Die Sache mit der Intimität ... also daran sehe ich das wirklich ganz deutlich.« Plötzlich geriet er ins Stocken und schaute auf den Boden, als er schließlich weitererzählte. »Es gibt sogar einer Erklärung dafür. Ich, ich ... nun ja, es ist sehr schwer, das auszusprechen, und natürlich auch, sich das erst einmal einzugestehen.«

»Jeder von uns kennt solche Situationen. Vielleicht hilft Ihnen das«, ermunterte Meinertshagen ihn, fortzufahren, und hatte damit in Pielkötters Augen zum ersten Mal etwas Sinnvolles von sich gegeben.

»Ohne weiter drum herumzureden. Also ... ich glaube, dass meine Frau mich betrügt. Und zwar mit meinem Chef. Unserem Chef! Wir arbeiten nämlich in derselben Firma. Ich in der Buchhaltung und Susanne als seine Sekretärin.«

»Haben Sie Ihre Frau denn nie darauf angesprochen?«, fragte Pielkötter, und gab damit schon zum zweiten Mal in dieser Runde seinen Vorsatz auf, sich nicht in die Probleme der anderen Gruppenteilnehmer einzumischen. Doch die Frage hatte sich ihm förmlich aufgedrängt.

»Nicht so konkret. Ich habe immer nur von Schwierigkeiten geredet, alles Mögliche aufgeführt, um ihr aufzuzeigen, dass wir uns nicht mehr so nahe sind wie früher.« Er strich sich mit der Hand über den Kopf und schien angestrengt nachzudenken. »Nein, so auf den Punkt gebracht habe ich die Sache nicht«, fuhr er schließlich fort. »Vielleicht musste ich mir diesen Verdacht auch erst einmal selbst eingestehen. Manchmal, wenn ich die beiden zufällig so eng beieinander gesehen habe oder beim Reden, so ganz vertraut ... Das war sicher blöd, aber wenn ich dann nach Hause gekommen bin, habe ich mir die Kopfhörer aufgesetzt und ganz laut Musik gehört. So laut, dass mir bald die Ohren wehgetan haben. ZZ Top, Deep Purple, Led Zeppelin, Wishbone Ash. Manchmal auch Gianna Nanini: Autostrada oder Latin Lover. Ich mag ihre rauchige Stimme. Doch ich habe die Kopfhörer wie Scheuklappen benutzt.«

Als er geendet hatte, sagte lange keiner ein Wort, dann meldete sich Lena Maus, die bisher noch nicht durch einen Beitrag aufgefallen war. »Sie müssen unbedingt mit Ihrer Frau reden. So schnell wie möglich. Sonst gehen Sie daran kaputt. Ich kenne das aus eigener Erfahrung.«

»Wenn ich Susanne zur Rede stelle oder meinen Chef, verliere ich womöglich nicht nur meine Frau, sondern auch meine Arbeit.«

»Besser als vollkommen seine Ehre zu verlieren«, warf Pielkötter ein, obwohl er vorhin geglaubt hatte, sich an der Gesprächsrunde zu beteiligen, sei ein Ausrutscher gewesen.

»Genau!«, stimmte ihm Teinert zu. »Seine Ehre bekommt man jedenfalls nicht so leicht wieder. Jedenfalls nicht so schnell wie eine neue Frau.«

Die Therapeutin zog die Augenbrauen hoch, äußerte sich aber sonst nicht. Wahrscheinlich fühlte sie sich erneut von der Situation überfordert. Völlig fehl am Platz, genau wie Pielkötter es vorausgeahnt hatte.

»Gut, hier machen wir einen Schnitt«, meldete sich Juliana Meinertshagen wieder erst zu Wort, nachdem niemand mehr mit einer Reaktion gerechnet hatte. »Und natürlich freue ich mich, Herr Hesseholt, dass ich Ihnen schon so gut weiterhelfen konnte.« Ich, dachte Pielkötter empört. »Und natürlich die ganze Gruppe«, fuhr sie fort, als hätte sie seinen stummen Einwand vernommen. »Möchte jemand freiwillig als Nächster sein Problem vorstellen?«

»Also, ich wäre bereit«, erklärte Magdalena Kiesewetter und begann sofort, obwohl noch niemand ihr zugestimmt hatte. »Bei mir geht es zum Glück nur um den Beruf. Weil ich ja nicht verheiratet bin. Aber in der Firma, wo ich als Schadenssachbearbeiterin tätig bin, machen mir die Kollegen das Leben schwer. Hintenrum lästern die über mich. Übergehen mich bei privaten Feiern, enthalten mir Informationen vor. Die reinste Schikane. Dabei sollten die mir wirklich dankbar sein. Ich wirke doch auf jeder offiziellen Betriebsfeier mit. Habe immer ein Gedicht parat, das ich dort vortragen kann. Aber anscheinend wissen meine Kollegen das nicht zu schätzen. Dabei achte ich sogar auf die Jahreszeit.«

»So genau wollen wir das nun doch nicht wissen, Frau Kiesewetter«, erklärte Juliana Meinertshagen.

Zweites *Bravo,* dachte Pielkötter.

»Für mein Gedicht *Jahreszeiten* hätte ich fast einmal einen Preis bekommen«, fuhr Magdalena Kiesewetter fort, als hätte die Therapeutin nichts eingewendet. »Es geht so«, Kiesewetter erhob sich mit entrückter Miene und begann in einem theatralisch wirkenden Ton zu sprechen.

»Frühling.
Wachstum.
Gefühle.«

Sie machte eine kunstvolle Pause und alle sahen sich betreten an.

»Und doch so schnell vorbei.«

Magdalena Kiesewetter redete nun so schnell weiter, dass niemand einschreiten konnte. Pielkötter jedenfalls lag ein Veto auf den Lippen, und nach Björn Teinerts Miene zu urteilen, ging es ihm ähnlich.

»Sommer.
Lang ersehnt und doch bald vorbei.«

Hoffentlich ist dieses Szenario auch bald vorbei, dachte Pielkötter, nicht länger gewillt sich einen solchen Schwachsinn anzuhören. »Ich denke, das reicht, um Ihr Problem zu erkennen«, sagte er laut, als Magdalena Kiesewetter kurz innehielt.

»Sie sprechen mir aus der Seele«, pflichtete Björn Teinert Pielkötter bei. Er hätte wohl gerne noch weiter ausgeholt, kam aber nicht dazu.

»Ich denke, wir brechen hier am besten ab und vertagen das Problem auf die nächste Sitzung«, schritt Juliana Meinertshagen ein. »Als Nächster stellt bitte Herr Sperling vor, was ihn am meisten belastet.«

Magdalena Kiesewetter setzte sich beleidigt auf ihren Stuhl und alle Augen richteten sich auf Thorsten Sperling. Zunächst starrte er die Therapeutin an, dann holte er plötzlich einen roten Rettungsring aus seiner Sporttasche, die Pielkötter bisher nicht beachtet hatte, und warf Juliana Meinertshagen den Ring vor die Füße. Anschließend stürmte er wortlos aus dem Gruppenraum.

»Das war's wohl«, bemerkte Björn Teinert, und alle schwiegen.

11

»Zuerst einmal möchte ich euch ganz herzlich zu der außerplanmäßigen Sitzung der Norderneyer Geschäftsleute und Hoteliers begrüßen«, sagte Heiner Fischkopp, dessen Kopf mit dem breiten Mund seinem ungewöhnlichen Namen alle Ehre zu machen schien. »Sicher hat sich der ein oder andere von euch darüber gewundert, dass ich euch heute Abend zu mir nach Hause eingeladen habe und unser Treffen nicht wie gewöhnlich in einem der Konferenzräume des Hotels Norderneyer Hof stattfindet. Tony hält das übrigens auch für besser. Niemand kann garantieren, dass seine Angestellten bei unserer Unterredung hellhörig werden. Das, was heute hier besprochen wird, bleibt streng unter uns. Ich verlasse mich da auf jeden von euch. In eurem eigenen Interesse, versteht sich.«

»Was gibt es denn so Dringendes?«, fragte Matthias Schönberg vom Herren- und Damenausstatter Schönberg und Söhne.

»Vor allem tust du so geheimnisvoll, dass ich bald vor Neugier platze«, meldete sich Dirk Engholm zu Wort, der eine schicke Boutique in der Nähe des Denkmals besaß.

»Geduld«, fuhr Heiner Fischkopp fort. »Nehmt euch erst mal von den Getränken auf dem Tisch, dann gibt's einen Bericht. Und ich warne euch schon einmal vor. Was ich zu sagen habe, wird euch nicht gefallen. Am besten schüttet ihr euch vorher einen Korn ein. Der ist wirklich gut.«

Nachdem sich die Männerrunde mit Softdrinks, Bier und Wein bedient hatte, einige auch mit Hochprozentigem, erhob sich Fischkopp erneut von seinem Stuhl und blickte ernst in die Runde, die mit ihm zusammen aus fünfzehn Personen bestand. »Es geht um unseren allseits geschätzten Freund Mario Immenhoff und dessen neustes Lieblingsprojekt«, erklärte Fischkopp, wobei er das Gesicht verzog, als hätte ihm jemand heftig in die empfindlichsten Teile getreten. »Die Norderneyer Mall. Alleine den Namen finde ich bereits zum Kotzen. Schließlich sind wir nicht in Dubai und Hochhäuser haben wir hier auch genug.« Einige tuschelten und Fischkopp klopfte mit einem Kaffeelöffel gegen sein Bierglas. »Nachdem der Planungsbeschluss, der Immenhoffs Vorhaben ausdrücklich befürwortet hat …«

»Das wissen wir doch schon alles«, fiel Tony Weststadt, dem zwei gutgehende Restaurants gehörten, ihm ins Wort. Doch gleich darauf erweckte er den Eindruck, als täte ihm die Bemerkung leid und er sei der Meinung, sich zu weit aus dem Fenster gelehnt zu haben. Er ruckelte an seiner altmodischen Brille mit dunkelbraunem Horngestell herum und versuchte, eine nur für ihn sichtbare Fluse von seinem Jackett zu entfernen. Im nächsten Moment wirkte seine Miene jedoch wieder sehr entschlossen. »Vergiss nicht, dass etliche von uns selbst im Stadtrat sitzen«, fuhr er mit süffisantem Lächeln fort.

»Und warum ist Immenhoff dann mit seinem Projekt durchgekommen?«, fragte Helge Heimhausen, der Inhaber eines Sonnenstudios ärgerlich. »Warum habt ihr nicht euer Veto eingelegt?«

»Wir sind überstimmt worden«, antwortete Weststadt. »So einfach ist das.«

»Und warum haben die anderen sich auf Immenhoffs Seite geschlagen?« Heimhausens Stimme klang immer noch sehr aufgebracht. »Bestechung, was andres fällt mir dazu nicht ein. Und was ist eigentlich mit deiner Frau?«, wandte er sich nun an Gonne Mackenbrock. »Die hat ja als stellvertretende Bürgermeisterin den Vorsitz gemacht, als unser erster Mann erkrankt ist. Und dann stand plötzlich das Vorhaben auf der Tagesordnung, ganz überraschend! Obwohl zwei Stadträte nicht an der Sitzung teilnehmen konnten. Und das war bekannt! Hannes war gerade Opa geworden und zu Besuch bei seiner Tochter und Onno in der Bremer Uniklinik. Wofür hat Nathalie denn gestimmt?«

Der Angesprochene wirkte, als hätte er sich am liebsten mit dem Raumschiff Enterprise irgendwo in eine ferne Galaxie gebeamt. Anscheinend musste er mehrmals Anlauf nehmen, um endlich in die Runde sprechen zu können. »Nathalie war dafür«, bekannte er zerknirscht. »Ich denke, sie hat darauf gesetzt, dass der Beschluss ja nur ein bescheidener Anfang ist. Ohne passendes Grundstück in beachtlicher Größe kann Immenhoff das Projekt sowieso vergessen. Und wer von uns ...«, er lachte gekünstelt, »also, wer würde ihm schon dazu verhelfen?« Offensichtlich kannte Mackenbrock den wahren Grund für die Entscheidung seiner Frau. Es war anzunehmen, dass er log, denn während seiner kleinen Verteidigungsrede hatte er es vermieden, die anderen Teilnehmer der Runde anzusehen, und nervös mit dem obersten Knopf seines Hemdes gespielt.

Fischkopp klopfte wieder gegen sein inzwischen fast leeres Bierglas. »Vermutungen bringen uns jetzt nicht weiter. Ich habe euch auch nicht hierher bestellt, um euch mitzuteilen, was ihr ohnehin schon wisst. Nein, ich habe ganz neue Informationen für euch und die werden euch mit Sicherheit genauso wenig gefallen wie mir.«

»Mensch, Fischkopp, lass endlich die Katze aus dem Sack«, polterte Tony Weststadt. »Ich will jetzt auf der Stelle wissen, warum ich mir diese Sitzung antun muss, während meine Herzdame ...«

»Spar dir die dummen Sprüche und hör dir einfach an, was Heiner uns mitzuteilen hat«, unterbrach ihn Matthias Schönberg. Einige der Herren klopften zustimmend.

Fischkopp quittierte das mit wohlwollender Miene, dann wurde sein Gesichtsausdruck wieder sehr ernst. »Um es auf den Punkt zu bringen: Immenhoff hält inzwischen das passende Grundstück in seinen Händen. Wie ich erfahren habe, hat er den Erbschaftsprozess endgültig gewonnen. Ihm ist der Besitz vom alten Hinrichsen zugefallen.«

Ein Raunen schien durch die Runde zu gehen.

»Da werden seine Neffen Knuth und Sören aber ganz schön sauer sein«, bemerkte Matthias Schönberg.

»Döskopp«, schimpfte Weststadt. »Hier geht es um uns und nicht um die beiden Brüder. Kannst du dir vorstellen, was das für uns bedeutet? Glaubst du, der Immenhoff fragt dich oder einen anderen von uns, ob du in seiner Mall eine Filiale oder ein zusätzliches Café oder Restaurant aufmachen möchtest? Nein, der holt sich gut zahlende Investoren von außen. Und das Nachsehen haben wir alteingesessenen Norderneyer Geschäftsleute.«

»Exakt«, kommentierte Fischkopp, als Weststadt kurz Luft holen musste. »Tony hat es auf den Punkt gebracht. Und genau aus diesem Grund müssen wir Immenhoff unbedingt stoppen.«

»Aber wie?«, fragte Klaus Berner, der sich bisher nicht zu Wort gemeldet hatte. »Ich meine, wenn alles rechtens ist. Die Erbschaft, der Ratsbeschluss. Also, ich sehe da im Moment wirklich sehr wenig Chancen für uns.«

»Nun, dazu merke ich gleich zwei Dinge an«, erklärte Fischkopp. »Erstens mag es inzwischen rechtens sein, aber zuvor hat Immenhoff garantiert unlautere Mittel angewendet, um sein Ziel zu erreichen. Und zweitens habe ich euch, so schnell wie möglich in meinem Haus zusammengetrommelt, um dem entgegenzuwirken. Kreative Ideen sind jetzt gefragt, ohne Tabu. Jeder soll Vorschläge einbringen. Ob diese sich wirklich umsetzen lassen, können wir später immer noch diskutieren.«

»Hängt das Schwein einfach!«, brüllte Jonathan Klocke. »Immenhoff hat nichts anderes verdient, er hat wahrlich schon genug angerichtet. Und was wir wissen, ist sicher nur die Spitze des Eisbergs.«

»*Ohne Tabu*, damit habe ich mich ziemlich drastisch ausgedrückt«, versuchte Fischkopp den falschen Eindruck zu revidieren, den er offensichtlich erweckt hatte. »Nun ja, ich würde auch keine Maßnahmen verteufeln, die … wie soll ich sagen … also, gegen unsere bestehenden Gesetze verstoßen, aber dass wir Immenhoff hängen, schließe ich selbstverständlich kategorisch aus.«

Jeder im Raum wusste, dass Jonathan Klocke nicht nur aus Angst um sein Hotel und sein ehemals viel gepriesenes Fischrestaurant überreagierte. Allen war die einstige Freundschaft zwischen ihm und Immenhoff bekannt. Klocke hatte seinem Freund anvertraut, dass sein verwitweter Nachbar zu seiner Tochter nach Aurich ziehen würde und er dessen Haus zu einem passablen Preis für seine Schwiegereltern zu erwerben gedenke. Darauf hatte Immenhoff nichts Besseres zu tun gehabt, als dem Verkäufer einige tausend Euro mehr zu bieten. Diesen Vertrauensbruch hatte Klocke Immenhoff verständlicherweise nie verziehen und die Freundschaft war in Hass umgeschlagen.

»Wir könnten gemeinsam einen Brief an Immenhoff schreiben, in dem wir deutlich machen, dass er auf Norderney zur unerwünschten Person wird, sollte er sein Projekt tatsächlich ...« Weiter kam Klaus Berner nicht. Er wurde sofort von Klocke unterbrochen.

»Du glaubst doch wohl nicht im Ernst, dass sich dieser Aasgeier von einem Brief abschrecken lässt. Dem ist unsere Meinung doch genauso scheißegal wie unser Wohlergehen. Der zieht das hier durch. Und wenn unsere langen Gesichter dem nicht mehr passen ...«, er verzog seine Miene und lachte höhnisch, »dann geht der fort und lässt uns mit seiner Mall zurück. Bei dem Schweinegeld, was der damit verdient, kann der sich überall ein schönes Leben machen. Dazu braucht der Norderney nicht und uns schon gar nicht.«

»Vielleicht muss man ihn nicht direkt hängen, aber sobald der erste Baukran auf dem Grundstück steht ...«, setzte Matthias Schönberg an, aber auch er kam nicht weit.

»Wie ich es nicht anders erwartet habe, schlagen die Wellen hoch«, unterbrach Fischkopp ihn. »Das ist gut so. Trotzdem halte ich es für ratsam, dass ihr die Information erst einmal sacken lasst.« Seine Stimme drohte ihm zu versagen, vielleicht wusste er im Moment auch nicht, wie er sich ausdrücken sollte. Nachdem er einen ordentlichen Schluck Bier getrunken hatte, fuhr er jedoch in normaler Tonlage fort. »Noch hat Immenhoff ja nicht mit dem Bau der Mall begonnen. Es reicht also, wenn wir uns erneut in einer Woche treffen. Am besten wieder hier bei mir. Bis dahin hat sich jeder bestimmt einen Vorschlag oder gleich mehrere Alternativen ausgedacht, wie wir diesen Kerl stoppen können. Wer mich vorher in dieser Angelegenheit kontaktieren möchte, kann das natürlich gerne tun. Ich bin jederzeit für euch ansprechbar.« Fischkopp blickte mit sehr ernster Miene in die Runde. Bevor er fortfuhr, atmete er mehrmals ein und aus. »Hiermit beende ich unsere heutige inoffizielle Sitzung und weise noch einmal darauf hin, dass von unserem Gespräch nichts, absolut nichts nach außen dringen darf.«

Zunächst herrschte betretenes Schweigen, dann klopften die Ersten auf den Tisch, weitere folgten. Niemand erhob sich. Offensichtlich hatten alle noch Gesprächsbedarf. Bis tief in die Nacht dauerten manche Diskussionen. Einige der Teilnehmer jedoch zogen es vor, irgendwann an einem anderen Ort weiter miteinander zu sprechen.

12

Pielkötter beschloss, die freien Stunden nach dem Abendessen für einen Spaziergang zu nutzen. Bis zum Zapfenstreich, so nannte er insgeheim den Zeitpunkt, zu dem die Pforte der Rehaklinik abgeschlossen wurde. Sein Ziel war zum ersten Mal der kleine Yachthafen. Dort sah er eine Weile den wenigen auslaufenden Booten zu. Womöglich müssen die sich beeilen, wenn sie das Festland noch erreichen wollen, bevor der Wasserstand bei Ebbe zu niedrig wird, überlegte er. Doch dann fiel ihm ein, dass Norderney im Gegensatz zu den meisten anderen Ostfriesischen Inseln eine Fahrrinne besaß, die die Boote und Fähren gezeitenunabhängig machte.

Obwohl es inzwischen durch die steife Brise, die vom Westen herüberwehte, draußen sehr ungemütlich geworden war, verspürte Pielkötter keine Lust, allein ein Lokal aufzusuchen. Vielleicht konnte er sich am Badestrand in einen der Strandkörbe setzen.

Pielkötter brauchte nicht lang, um einen zu finden, der von der Windrichtung her günstig stand und nicht verschlossen war. Dieses typische Holzgitter fehlte. Vielleicht wurde es gerade repariert. Verstohlen schaute Pielkötter sich um, konnte aber niemanden entdecken. Anscheinend war er im Moment der Einzige, der heute die Nähe des Meeres zu schätzen wusste. Er nahm auf der breiten Bank Platz, ein schlechtes Gewissen hatte er deswegen nicht, denn wem nahm er etwas weg? Die rechtmäßigen Mieter waren sicher längst in der warmen Stube.

Seine Gedanken wanderten zu Marianne. Dass sie ihn so schnell und sogar zum zweiten Mal, seit er in der Reha weilte, besuchen kommen wollte, überraschte und freute ihn gleichermaßen. Während er an die letzten gemeinsamen Tage auf der Insel dachte, schmunzelte er vor sich hin. Alles war so schön gewesen, aber würden sie auch den Alltag meistern, wenn sie Zuhause wieder zusammenlebten? Hoffentlich waren sie in den Monaten, nachdem sie sich getrennt hatten, nicht allzu sehr auseinandergetrieben.

Plötzlich hörte er leise Stimmen. Sie kamen aus einem Strandkorb, der nicht allzu weit von seinem entfernt stand. Vielleicht hatte der Wind ein wenig gedreht und der Schall wurde nun direkt in seine Richtung getragen. Womöglich war er auch so mit seinen Gedanken beschäftigt gewesen, dass er niemanden hatte kommen hören. Zwei Männer saßen dort und unterhielten sich, ein jüngerer und ein etwas älterer, der in sonorer Tonlage sprach.

»Wirst du eigentlich mit deiner Frau darüber reden?«, fragte der Mann mit der etwas höheren Stimme. »Also, Ina, muss ich ein wenig von der Sitzung preisgeben, auch wenn das Fischkopp nicht gefällt. Natürlich nicht alles. Aber sie wird nachbohren, zumal sie schon davon ausgegangen ist, dass die Norderneyer Mall auf der Tagesordnung steht. Um ehrlich zu sein, ist bereits zu uns durchgesickert, dass Knuth und Sören Hinrichsen den Prozess verloren haben. Danach habe ich die halbe Nacht nicht geschlafen, bin ziellos herumgewandert und habe gegrübelt. Deshalb wird Ina bestimmt fragen, ob es in der Sitzung um die Mall ging.«

Hatte er wirklich Fischkopp gehört? Pielkötter überlegte, ob das wohl ein böser Spitzname war oder ob jemand tatsächlich so heißen könnte. Und dann hätte er natürlich zu gerne gewusst, was eigentlich laut diesem Fischkopp offensichtlich geheim bleiben sollte.

»Ulrike ist im Moment zum Glück so sehr mit unserem ersten Enkelkind beschäftigt, dass ihr nicht so auffällt, welche Sorgen mich plagen. Die Sitzung war wirklich nichts für schwache Nerven. *Hängt das Schwein*, ich habe immer noch Jonathan Klockes Wutausbruch im Ohr. Okay, Immenhoff hat ihm übel mitgespielt, aber auf Norderney sind wir schließlich nicht im wilden Westen. Und er war ja nicht der Einzige. Bei der Diskussion in kleineren Gruppen sind noch ein paar andere Sprüche gefallen. Manchmal konnte ich gar nicht glauben, was da von einigen so losgelassen wurde. Reifen zerstechen und Hütte anzünden … Aus diesem Grund war es wirklich gut, dass wir uns schnell verabschiedet haben.«

»*Zerstückelt ihm die Eier*, hätte Tony Weststadt sicher auch nicht vor allen kundgetan«, ergänzte der jüngere Mann. »Dazu wäre er sich wohl doch zu fein gewesen.«

Pielkötter beugte sich weiter nach vorne, bis sein Kopf aus dem Strandkorb heraushing, um der interessanten Unterhaltung besser folgen zu können.

»Ich bin wirklich dafür, dass wir dem Inselgroßmaul Einhalt gebieten, aber bitte schön nur mit legalen Mitteln«, hörte er die sonore Stimme nun noch deutlicher. »Und nicht mit Vorschlägen, die im totalen Suff rausgehauen wurden.«

»Also, da bin ich nur teilweise deiner Meinung. Erstens war mehr als die Hälfte von dem, was die Meute vorgeschlagen hat, kaum ernst gemeint und zweitens kommt man bei einem Mann von Immenhoffs Kaliber mit freundlich und legal einfach nicht weiter.« Die Erwiderung des älteren Gesprächspartners konnte Pielkötter leider nicht verstehen. »Der Mistkerl soll ja nicht wirklich hängen, das drückt ja nur eine Stimmung aus«, fuhr der Jüngere fort. »Aber vergiss nicht, welche Methoden der Immenhoff anwendet, ohne Rücksicht darauf, ob er uns damit in den Ruin treibt. Du möchtest deinem Enkel schließlich etwas vererben und nicht ein marodes Geschäft und Schulden hinterlassen, oder?«

Pielkötter hielt es auch für sehr unwahrscheinlich, dass jemand von den Norderneyer Bürgern sich derart vergessen würde. Trotzdem beschloss er, das Gehörte im Hinterkopf zu behalten.

»Gut, im Prinzip sind wir uns ja einig«, ertönte wieder die sonore Stimme. »Das Projekt verhindern. Mario Immenhoff einheizen, aber keine Wildwestmethoden. Allerdings wundert mich noch eine Sache.«

»Was für eine Sache?«

»Gonne Mackenbrock!«

»Wieso? Der war doch auch dabei. Hat sich aber ziemlich zurückgehalten.«

»Eben!«

»Tut mir leid, das verstehe ich nicht.«

»Gonne Mackenbrock hätte eigentlich allen Grund, vom Leder zu ziehen, vielleicht weitaus mehr als mancher andere. Dafür hat er sich wirklich beherrscht. Du musst dir das mal vorstellen: Bei dem geht es ja nicht nur um die Einbußen. Der wurde doch regelrecht bloßgestellt und vorgeführt. Ist ja auch der Hammer, dass seine Frau im Rat für Immenhoffs Projekt gestimmt hat, weil Immenhoff sie bestochen, erpresst oder gevögelt hat. Also, ich an Mackenbrocks Stelle, hätte mächtig Wut im Bauch.«

»Er hat halt nicht so ein überschäumendes Gemüt«, entgegnete der Jüngere, »und sich deshalb von Fischkopp nicht so aufhetzen lassen wie Klocke oder Helge Heimhausen. Vielleicht sieht Nathalie Mackenbrocks ja wirklich Vorteile für Norderney, wenn das Projekt verwirklicht wird.«

»Das glaubst du doch selbst nicht. Die Nathalie ist schließlich nicht blöd. Die Frau hat Betriebswirtschaft studiert. Die kennt sich aus. Und trotzdem hat sie sich vor Immenhoffs Karren spannen lassen, warum auch immer.«

»Eigentlich kann uns ihr Motiv auch egal sein. Sie hat nun einmal der Mall zu guten Startbedingungen verholfen, und uns bleibt nur übrig, das Schlimmste zu verhindern. Der Planungsbeschluss heißt ja noch nicht, dass gleich morgen die Bagger anrollen.«

»Wahrscheinlich hast du Recht. Lass uns in Ruhe darüber nachdenken. Und jetzt muss ich wirklich los. Die Ulrike wartet sicher schon.«

Während sich die beiden Gesprächspartner nun ziemlich schnell verabschiedeten, zog sich Pielkötter wieder ganz in seinen nicht gemieteten Strandkorb zurück. Er wollte lieber nicht von den Männern gesehen werden. Als er sich wenige Minuten später erhob und ein paar Schritte zur Seite lief, erkannte er neben einigen Frauen nur noch einen einzigen Mann auf der Promenade, wobei er nicht einmal sicher war, dass es einer der beiden war, deren Unterhaltung er belauscht hatte. In Pielkötters Kopf rotierten die Gedanken. Das Gespräch hatte auf jeden Fall seine Neugier geweckt. Selbst wenn er nicht davon ausging, dass ein kapitales Verbrechen geschehen würde, musste er unbedingt herausfinden, was es mit diesem Projekt auf sich hatte, mit dem dieser Immenhoff den Zorn etlicher Norderneyer auf sich gezogen hatte.

13

Pielkötter hatte gerade sein Zimmer betreten und die Tür hinter sich abgeschlossen, da klingelte sein Smartphone. Zum Glück erst jetzt und nicht vorhin am Meer. Weil er das Gespräch in gewisser Weise belauscht hatte, wäre ihm dieser untrügliche Hinweis, dass jemand im Nachbarstrandkorb sitzt, ohne sich bemerkbar gemacht zu haben, etwas peinlich gewesen.

»Hallo, Willibald«, hörte er Mariannes Stimme. »Ich bin ziemlich aufgeregt. Gerade eben habe ich mit den Honerkamps telefoniert.«

»Mit wem?«, fragte er irritiert, doch im nächsten Moment fiel ihm ein, wer die Honerkamps waren, obwohl er an die schon lange nicht mehr gedacht hatte.

Marianne ließ ihm keine Zeit, sich zu korrigieren. »Unsere alten Nachbarn aus Münster. Die aus dem Haus schräg gegenüber. Die kennst du doch wohl noch?« Er nickte, was Marianne natürlich nicht sehen konnte, aber anscheinend erwartete sie gar keine Antwort von ihm. Sie redete weiter. »Stell dir vor, die besitzen eine Ferienwohnung auf Norderney und alle vier bis sechs Wochen setzen sie auf die Insel über. Was meinst du? Wäre das nicht auch etwas für uns?«

»Ich weiß nicht«, brummte Pielkötter. »Das kommt jetzt so plötzlich. Und die Wohnungen werden bestimmt nicht billig sein.«

»Es muss ja nichts besonders Großes sein. Ein kleines Apartement mit Balkon würde ja vollkommen reichen. Die meiste Zeit möchte man sich sowieso im Freien aufhalten. Und da du gerade vor Ort bist, kannst du dich doch ohne viel Aufwand mal ein bisschen umschauen. Sicher gibt es einen Immobilienmakler auf der Insel, der uns ein paar Angebote machen wird. Mit etwas Glück könnten wir dann infrage kommende Projekte an dem Wochenende besichtigen, wenn ich dich auf Norderney besuche.«

»Du legst vielleicht ein Tempo vor«, wandte er erstaunt ein. »Hast du eigentlich schon mit deiner Chefin wegen des Urlaubstages gesprochen?«

»Ja, das geht klar. Wenn nichts Unvorhergesehenes dazwischenkommt, sehen wir uns also Ende nächster Woche. Und ich habe dann bereits ab Donnerstagmittag frei und fahre gleich los, damit ich nicht mit den Norderneyfans zusammentreffe, die freitags beziehungsweise am Wochenende anreisen, so dass die Autobahn wie die Fähren voll sind.«

»Aber diesmal bist du hoffentlich klüger und bringst das Auto nicht mit auf die Insel.«

»Nee, ich bin ja lernfähig. Außerdem bist du ja jetzt schon viel besser drauf, wenn ich deinen Schilderungen Glauben schenken darf.«

»Ich habe ein Problem mit der Schulter, nicht mit den Beinen. Es war auch bei deinem letzten Besuch nicht nötig, mich irgendwohin zu fahren.«

»Du hast ja Recht. Und weißt du was? Vielleicht nehme ich sogar den Zug. Von Duisburg fährt morgens ein Intercity direkt nach Norddeich Mole durch. Und das Fährticket ist inklusive.«

»Mach das! Aber egal wie, Hauptsache du kommst.«

»Höre ich da etwa eine gewisse Sehnsucht heraus, Herr Kommissar.«

Pielkötter brummte etwas Unverständliches, was nicht einmal er selbst entschlüsseln konnte. »Auf jeden Fall, freue ich mich auf dich«, schob er hinterher.

Nach dem Gespräch dachte er noch über Mariannes Idee mit der Ferienwohnung nach. Vielleicht war die Sache gar nicht so abwegig, wie er zunächst gedacht hatte. Auch Jan Hendrik würde das Appartement, er ging davon aus, dass etwas Größeres kaum bezahlbar sein würde, sicher gerne und häufiger nutzen. Ihr Sohn war schließlich Fan von Norderney und das lange, bevor er selbst hier seine Reha angetreten hatte. Welche Tipps hatte Jan Hendrik ihm nicht alle gegeben, was er auf der Insel unbedingt besichtigen, welche Lokale er unbedingt ausprobieren müsse. Besonders gut erinnerte er sich an den King's Club von Tante Jens mit dem Motto: NORMAL SEIN – KANN JEDER!!! Vielleicht sollte er wirklich mal dort hingehen, etwas unternehmen, was eben nicht normal für ihn war. Gleichzeitig würde er seinem Sohn damit zeigen, dass er seine Empfehlungen zu schätzen wusste. Leider öffnete der Club erst spät, und richtig los ging es wahrscheinlich noch später. Das würde schwierig werden, denn die Türen der Klinik schlossen ja in der Woche um zweiundzwanzig Uhr, am Wochenende eine Stunde später.

Von einem Apartment aus wäre er frei. Aber erst einmal musste er einen Makler finden. Vor ein paar Tagen war er doch in der Innenstadt an Schaukästen vorbeigekommen, in denen unzählige Fotos von Häusern und Wohnungen hingen … Hatte darüber nicht Immenhoff oder so ähnlich gestanden? Jedenfalls hatte ihn der Name des Maklers an eine uralte Fernsehserie über ein Pony-Hotel erinnert. Gleich morgen in der Mittagspause wollte er in Richtung City laufen und nach dem Büro Ausschau halten.

Normalerweise wäre er jetzt ins Internet gegangen und hätte nach der Homepage gesucht, aber obwohl die Leitung der Klinik wegen des Skandals um seinen toten Tischnachbarn gewechselt hatte, teilte wohl auch der neue Chef die Einstellung, dass seine Patienten von der digitalen Welt abgeschottet werden müssten. Inzwischen hatte er sich zwar eine private Flatrate zugelegt, doch irgendetwas stimmte damit nicht. Als ob es jemand darauf anlegen würde, den Empfang zu stören.

»Immenhoff, Immenhoff«, murmelte er leise vor sich hin. Wo hatte er den Namen nur schon einmal gehört? Und wenn er sich nicht mächtig täuschte, war das noch gar nicht so lange her. Plötzlich erinnerte er sich. Natürlich! Die beiden Männer, deren Gespräch er unfreiwillig mitbekommen hatte, hatten einen Immenhoff erwähnt. Das hieß allerdings nicht zwangsläufig, dass der Immobilienmakler hinter der Person steckte, die einige Norderneyer vor Wut schäumen ließ, auch wenn der Bau einer neuen Mall nur zu gut in diesen Zusammenhang passte.

14

Ruhelos wanderte die Person in dem Raum hin und her. Es war bereits weit nach Mitternacht, aber an Schlaf war nicht zu denken. Zu viele Gedanken kreisten in ihrem Kopf herum. Einer davon kehrte in regelmäßigen Abständen zurück. Immenhoff musste endlich für immer von der Bildfläche verschwinden, damit das Leben wieder in ruhigeren Bahnen verlaufen konnte. Fast hätte es letzte Nacht geklappt. Warum war Immenhoff nur aufgewacht, ehe der Plan in die Tat umgesetzt war?

Plötzlich blieb die Person stehen und starrte aus dem Fenster in die Dunkelheit hinaus. Ihre Finger krallten sich in den schweren, orangefarbenen Übergardinen fest, als galt es, sie zu zerreißen. Mit etwas Glück würde es morgen eine weitere Chance geben, sofern man den Informationen vertrauen konnte, die Immenhoffs Sekretärin gern einmal ausplauderte. Der neue Plan, Immenhoff ins Jenseits zu befördern, bot einen entscheidenden Vorteil: mit etwas Glück würde sein Ableben nicht nach einer Gewalttat aussehen, sondern nach einem Unfall. Eine einsame Baustelle am Abend, noch dazu auf dem Festland, war geradezu prädestiniert dafür, diesen Mistkerl über die Klinge springen zu lassen. Außerdem würde Norderney nicht mit diesem Mord beschmutzt. Seltsamerweise berührte es die Person, die geliebte Insel, auf der sie aufgewachsen war, mit einer solchen Untat in Verbindung zu bringen. Möglicherweise steckte dahinter auch der Gedanke, den Ort niemals mehr aufsuchen, ihn nicht einmal aus der Ferne sehen zu müssen. Nein, nichts sollte nach vollbrachter Tat an Immenhoff erinnern und an alles, was er angerichtet hatte oder anzurichten plante. Er sollte ausgelöscht sein, für immer.

Die Person wandte sich zur Musikanlage, setzte sich Kopfhörer auf und schaltete die Musik an, um dann in einen Sessel zu plumpsen, der neben einem runden Glastisch mit einem halb leeren Weinglas stand. Die ersten Töne von *Stairway to Heaven* drangen aus den Ohrhörern. Der Titel passte wunderbar, auch wenn es rockigere gab und Immenhoff auf der Baustelle eher eine Leiter herunterstürzen würde. Als der Song verklungen war, zeigte die Wanduhr kurz vor Mitternacht an. Sie sah wie ein aufgehängter Essteller aus. In der Mitte war ein Mahl, bestehend aus einem Fisch, Gemüse und Kartoffeln, aufgemalt und die Zeiger sahen aus wie Messer und Gabel. Die Uhr hatte sie vor einigen Jahren für viel Geld in einem Dekoladen in Norden erstanden. Sie gefiel ihr immer noch und die Investition hatte ihr niemals leidgetan.

Die Person ergriff das Glas und leerte den schweren spanischen Rotwein in einem Zug. Der Alkohol rann angenehm die Kehle hinunter. Vielleicht ging sie jetzt doch besser schlafen. Der nächste Tag würde anstrengend werden. Es galt, rechtzeitig loszukommen, um Immenhoff auf dieser Baustelle zu erwischen. Die Person erhob sich aus dem Sessel, setzte den Kopfhörer ab und schaltete die Musikanlage aus, während sie den Kopf schüttelte. Gab es nicht auch einen Song mit dem Titel *Highway to Hell*? Der passte doch noch viel besser zu ihrem Plan.

15

Mario Immenhoff saß an dem Schreibtisch in seinem Büro und starrte auf die Skizze zu seinem Lieblingsprojekt, die Norderneyer Mall. Gut, er würde sich daran eine goldene Nase verdienen, aber das allein war ihm nicht wichtig, sondern das Prestige. Vielleicht ging es ihm auch ein wenig darum, es den einheimischen Hoteliers und Geschäftsleuten, in deren Reihen er nicht gern gesehen war, so richtig heimzuzahlen. Die Norderneyer Mall würde kommen. Es gab etliche Interessenten, die in das Projekt einsteigen wollten. Inzwischen hatte er gute Kontakte geknüpft und war auf viele offene Türen gestoßen. Immenhoff rückte seine schicke neue Brille mit den sechseckigen Gläsern zurecht und fuhr sich durch das volle dunkle Haar.

Natürlich war ein Planungsvorhaben noch keine Baugenehmigung, aber er hatte diejenigen, die in der ersten Abstimmung dank eines kleinen finanziellen Anreizes für ihn gestimmt hatten, damit praktisch in seiner Hand. Ihnen war sicher nicht daran gelegen, unehrenhaft aus dem Stadtrat verabschiedet zu werden, allen voran Nathalie Mackenbrock, die stellvertretende Bürgermeisterin. Gerade sie hatte am meisten zu verlieren. Bei dem Gedanken, dass sie nicht einmal in der Lage war, das ihm geliehene Geld einzutreiben, lächelte er.

Immenhoff wurde sofort wieder ernst, als ihm Frank Marten einfiel, der Bauleiter aus Norden, dem er heute noch auf die Finger sehen wollte. Schluss mit den Tricks, ihm das Geld aus der Tasche zu ziehen. Marten würde sich wundern, wie schnell seine Spielchen beendet wären. Immenhoff klopfte mit seiner rechten Hand auf den Tisch, dann sah er auf seine Philipp-Patek-Armbanduhr. Mehr als genug Zeit, bis die Fähre ablegen würde, die seine Sekretärin Birgit Hoppenstraat für ihn gebucht hatte, obwohl er noch einmal zu seiner Villa musste, um seinen Cayenne zu holen.

Er klappte die Skizze der Norderneyer Mall zusammen, verstaute sie in der obersten Schreibtischschublade und schloss sie ab. Ehe Immenhoff sich erheben konnte, klingelte sein Smartphone. Es war Jessika Jansen.

»Hallo«, hauchte sie, »ich habe große Sehnsucht nach dir. Sehen wir uns heute Abend?«

»Nein.« Wie oft hatte er Frauen in seinem Leben eine kleinere oder größere Abfuhr erteilt. Diesmal jedoch verspürte er einen leichten Anflug von Bedauern. Eigentlich hätte er sich gerne mit Jessika verabredet. Sie war einfach anders als ihre zahlreichen Vorgängerinnen. »Leider«, ergänzte er schnell. »Ich muss geschäftlich noch aufs Festland und die letzte Fähre zurück werde ich keinesfalls schaffen. Aber dafür können wir uns morgen Abend sehen. Bei unserem Lieblingsitaliener, was hältst du davon?«

»Du lässt mir ja keine andere Wahl, als das gut zu finden.« Sie lachte und es hörte sich so natürlich an. »Ruf am besten an, wenn du wieder auf der Insel bist. Dann machen wir eine Uhrzeit aus. Ich vermisse dich.«

»Und ich dich erst!«

Nachdem sie aufgelegt hatte, wurde ihm auf einmal bewusst, wie viele Feinde er sich auch unter seinen abgelegten Frauen geschaffen hatte. Wahrscheinlich reichte die Anzahl gut an die der ihm nicht sonderlich wohlgesonnenen Norderneyer Hoteliers und Geschäftsleute heran.

16

Pielkötter pfiff leise vor sich hin, was für ihn sehr untypisch war. Selten hatte er gute Laune, seit er wegen dieser elenden Schulterverletzung in der Reha weilte. Aber schließlich befand er sich auf dem Weg zu der angenehmsten Therapie und gleichzeitig zu der Angestellten, die er in dieser Klinik mit Abstand am sympathischsten fand: Schwester Monika aus der Badeabteilung. Im Gegensatz zu seiner einstigen Befürchtung, die Sprudelbäder dienten vorrangig seiner psychischen Stabilisierung, hatte er doch erkannt und vor allem gespürt, wie wohltuend sie auf seine Muskeln und Knochen wirkten.

Inzwischen waren die Renovierungsarbeiten der Klinik so weit vorangekommen, dass der alte Trakt der Badeabteilung geschlossen werden konnte. Pielkötter war das nur recht. Jedes Mal, wenn er vorher den langen abgelegenen Gang zu den ausgelagerten Räumen entlanggewandert war, hatte er an seinen Mitpatienten Wolfgang Schröder denken müssen. In der neuen Abteilung mit dem modernen Equipment und den bunten Kacheln erinnerte nicht mehr viel an den toten Schröder.

»Hallo, schön Sie zu sehen«, empfing ihn Schwester Monika mit einem strahlenden Lächeln.

Wenn er jemanden aus der Rehaklinik vermissen würde, dann sie. »Sie glauben gar nicht, wie sehr ich Sie inzwischen als Patient zu schätzen weiß, obwohl das anfangs wahrlich nicht danach aussah.« Mit einem Schmunzeln steckte sie sich eine vorwitzige Locke ihres braunen Haares hinter das linke Ohr. »Aber jetzt gehen Sie erst einmal in die Umkleidekabine und machen sich frei. Reden können wir ja noch, wenn Sie im Baderaum erscheinen und ich die Wassertemperatur kontrolliere.«

»Endlich wieder ein gestandener Mann, statt …«, erklärte sie, als sich Pielkötter völlig entkleidet anschickte, in die Wanne mit dem

Sauerstoffbad zu steigen. Irritiert sah er an seinem nackten Körper hinunter. Was wollte sie ihm damit sagen?

»Also, heute Vormittag hatte ich hier eine Patientin, die war echt gewöhnungsbedürftig«, erklärte Schwester Monika, ehe er nachfragen konnte. »Oder vielleicht sollte ich sie eher als *gedichtsüchtig* beschreiben.«

»Gedichtsüchtig?« Seine Miene drückte zunächst Erstaunen aus, im nächsten Moment nickte er jedoch vielsagend. Er ahnte plötzlich, wer sich in der Badeabteilung mit lyrischen Auswüchsen zu profilieren versucht und sich damit sehr unbeliebt gemacht hatte.

»Ich habe hier in dieser Klinik mit Patienten ja bereits so einiges erlebt, selbst mit Ihnen zusammen …«

»Wenn uns jemand zuhören würde, könnte der meinen, wir hätten … nun, Sie wissen schon.«

Sie lachte kurz, dann verdunkelte sich Ihre Miene. »Manchmal träume ich immer noch davon, dem Mörder von Wolfgang Schröder gegenüberzustehen, und mir steht wieder der Angstschweiß auf der Stirn. Aber was ich eigentlich sagen wollte: Patienten mit irgendwelchen Macken sind mir nicht gerade fremd, nur bei der Frau kam es mir doch etwas zu dicke.« Schwester Monika warf einen Blick auf das Thermometer und deutete Pielkötter an, in die Wanne zu steigen. »Normalerweise verbiete ich mir, über Menschen zu lästern, besonders, wenn sie mir anvertraut wurden, doch das muss ich jetzt einfach irgendwie loswerden. Und einen Namen nenne ich ja nicht.« Erneut strich sie eine Locke nach hinten und seufzte. »Die Dame sitzt also kaum im Wasser, ich drehe den Sauerstoff auf und sie legt los: *Stille umfängt mich, die Gasblasen blubbern. Blubbern, blubbern … doch die Stille bleibt*. Oder so ähnlich. Ich hab das mal zusammengefasst, ging natürlich noch länger. Anschließend sieht sie mich an, als wäre es an der Zeit, ihr vor Rührung und Dankbarkeit um den Hals zu fallen. Vielleicht hätte ein kurzer Applaus gereicht. Ich habe aber nur ziemlich verständnislos dreingeschaut.«

»Und wie hat unsere Poetin reagiert?« Pielkötter wirkte belustigt.

»Sie hat mich mit einem vernichtenden Blick von oben bis unten gemustert. *Anscheinend mögen Sie keine Gedichte,* hat sie mir pikiert entgegengeschleudert. *Und dass die Stille, die Oberhand über das Blubbern gewinnt, haben Sie offensichtlich nicht verstanden.* Ich habe gekontert: Keine Ahnung, welche Aufgaben Sie von einer Badeschwester erwarten. Gedichte zu interpretieren, gehört definitiv nicht dazu. Allerdings habe ich das im Deutschunterricht durchaus gelernt. Nur hat unser Lehrer sehr viel anspruchsvollere Lyrik ausgesucht.« Monika grinste verschmitzt.

»Nachdem ich das von mir gegeben habe, ist die Patientin völlig ausgeflippt. Die ist mit einem Satz aus der Wanne gesprungen, auf nassen Füßen ab in den Umkleideraum und hat laut geschrien, sie wolle sich umgehend bei der Klinikleitung über mich beschweren.« Schwester Monika seufzte. »Da wird vielleicht noch was auf mich zukommen ... So eine unangenehme Person aber auch. Gleich zu Anfang hat sie erzählt, dass sie ein Mobbing-Opfer sei. Also, das verstehe ich nur zu gut.«

»Magdalena Kiesewetter, nicht wahr?«, fragte Pielkötter, obwohl er die Antwort bereits kannte.

»Natürlich werde ich keinen Namen preisgeben.«

»Nicht nötig. Wenn ich die selbsternannte Dichterin jetzt nicht zuordnen könnte, hätte ich meinen Beruf wirklich verfehlt.«

»Ich finde, mit der sollte mal jemand Tacheles reden. Ihr einfach mal stecken, dass sie mit den Gedichten nicht punkten kann.«

»Was halten Sie davon, einen zusätzlichen Job zu übernehmen? Ich schlage vor, Sie leiten ab sofort die Gruppentherapie.« Eigentlich hätte er am liebsten hinterhergeschickt, dass sie mit ihrem gesunden Menschenverstand für diese Aufgabe viel besser geeignet sei als Juliana Meinertshagen, aber das behielt er dann doch für sich.

17

Mario Immenhoff starrte wütend über die Reling der Frisia II zum Festland, das langsam in greifbare Nähe rückte. Zwar fühlte er sich ansonsten oft euphorisch, seit er den Prozess in diesem elendigen Erbschaftsstreit endgültig gewonnen hatte und die Verwirklichung seines Traums, die Norderneyer Mall, erheblich näher rückte. Zuweilen trübten jedoch widrige Umstände bei anderen Projekten seine gute Laune. Er betätigte sich nicht nur als Immobilienmakler, sondern begleitete auf Kundenwunsch auch den Neubau ihrer Häuser. Das aktuelle, der Bau eines Mehrfamilienhauses im Rahmen eines größeren Wohnparks in einem neu erschlossenen Bauland in Norden, hinkte hinter dem Zeitplan hinterher und er kam allmählich gegenüber dem Bauherrn in Erklärungsnot. Wahrscheinlich nutzte der Bauleiter Frank Marten aus, dass er auf Norderney wohnte und ihn deshalb nicht so gut kontrollieren konnte, wenn er Bauarbeiter für andere Häuser abzog, sobald es mit der Manpower mal eng wurde. Vielleicht waren auch Bestechungsgelder im Spiel. Nicht mit Ihm! Er ließ sich doch nicht von diesem Mistkerl verscheißern. »Wir werden ja sehen«, murmelte Immenhoff leise vor sich hin, als plötzlich eine Stimme aus dem Lautsprecher ansagte, dass in wenigen Minuten angelegt würde. Immenhoff setzte sich in Bewegung zu seinem Cayenne.

Es rumpelte leicht. Die Fähre hatte bereits angelegt. Immenhoff hechtete in seinen Wagen und startete den Motor. Kurz darauf ging es bereits los und er rollte über die Planke. Als er das Hafengelände verlassen hatte, schaltete er das Navigationsgerät ein. Er kannte den Weg zur Baustelle zwar inzwischen, aber er ließ sich lieber von der Navitesse leiten, als sich selbst zu konzentrieren. Zumal ihre Stimme angenehm klang, fast so wie die von Jessika.

Immenhoff lächelte. Mit Jessika war er länger zusammen als mit den meisten ihrer Vorgängerinnen. Er wusste selbst nicht warum. Eigentlich war es an der Zeit, Schluss zu machen, schließlich waren feste Beziehungen nicht sein Ding. Aber Jessika war nun mal anders, viel verständnisvoller. Am meisten mochte er diese beiden Grübchen, die sich auf ihren Wangen zeigten, wenn sie lachte. Plötzlich verdüsterte sich seine Miene wieder. Er war nicht nach Norden geschippert, um über seine Beziehung nachzudenken, sondern um diesem Mistkerl Marten auf die Finger zu klopfen.

Noch bevor er den Stadtkern von Norden erreichte, verließ er die Bundesstraße und fuhr weiter in Richtung Osten. Er merkte nicht, dass ihm ein Wagen folgte. Das Fahrzeug hielt auch einen großen Abstand ein.

Immenhoff stellte seinen CD-Player an. Aus den Boxen erklang *Radar Love* und Immenhoff schlug den Takt auf das Lenkrad. Er war so mit dem Sound beschäftigt, dass er fast die Abbiegung in die Baustelle verpasst hätte, die das Navigationsgerät nicht kannte. Er parkte seinen Porsche Cayenne und stieg aus. Natürlich war hier kein Mensch zu sehen. Wieso hatten die alle schon Feierabend? In der Projektbeschreibung der Baufirma war eine Kostenstelle für Baustellenlampen vorgesehen. Na, der Marten konnte was erleben. Gleich morgen. Wie geplant würde er in Norden übernachten. Die Fähren fuhren in der Nebensaison ja nicht mehr so spät zurück. Er hatte sich für diese Nacht in Norddeich im Hotel Regina Maris ein Zimmer reserviert.

Okay, seine Vermutung, das Bauvorhaben würde nicht mit dem erforderlichen Einsatz vorangebracht, so dass der vereinbarte Einzugstermin vor Weihnachten in Gefahr stand, hatte sich bestätigt, aber er würde sich jetzt ein genaues Bild von dem Stand der Bauarbeiten machen. Er musste sich beeilen. Es wurde immer dunkler und er hatte nicht daran gedacht, eine starke Stablampe mitzunehmen. Die Funzel, die er immer im Kofferraum seines Wagens liegen hatte, reichte gerade einmal aus, um die Hand vor dem Gesicht zu sehen. Trotzdem besser als nichts, dachte er. Mit wenigen schnellen Schritten kehrte er wieder zu seinem Cayenne zurück. Anschließend lief er mit der Taschenlampe auf dem zum Teil matschigen Boden bis zum Eingang des Rohbaus.

Weil die Bauarbeiten noch nicht so weit vorangeschritten waren, gab es keine provisorische Tür und er gelangte ungehindert ins Treppenhaus, das in die sechs großen Eigentumswohnungen führte, jeweils zwei auf einer Etage, die obersten mit schrägen Wänden. Wie erwartet war es im Inneren viel dunkler als draußen. Immenhoff leuchtete mit der kleinen Taschenlampe nach unten und schnaufte. Nach dem vorgegebenen Zeitplan sollte der Estrich bereits seit drei Wochen verlegt sein. In Wirklichkeit lagen nicht einmal die Rohre für die Fußbodenheizung. Und die Fenster fehlten natürlich auch. Ärgerlich durchquerte er den zukünftigen Wohnbereich. Von hier gab es einen Zugang zur Terrasse, einem Prachtstück von gut vierundzwanzig Quadratmetern. Nun, die ganze Ausstattung würde zur Luxuskategorie zählen.

Er wollte gerade weitergehen, da hörte er ein Knacken. Es kam aus dem Flur der Wohnung, in der er sich befand, oder aus dem Treppenhaus. Ruckartig drehte er den Kopf nach hinten und lauschte. Alles war wieder still. Hatte sich vielleicht ein Tier hierher verirrt? Eine Katze, ein Hund? Schon möglich, aber er wusste nicht, ob ihn das beruhigen sollte. Man hörte ja immer häufiger davon, dass Füchse in Wohnsiedlungen auftauchten. Dann wohl erst recht auf einer verlassenen Baustelle wie hier. Wenn der nun Tollwut hätte?

Immenhoff lief zu dem Durchbruch zwischen Wohnraum und Diele. Er leuchtete in die Richtung, aus der er den Laut vernommen hatte, konnte jedoch kaum noch etwas erkennen. Das Licht der Taschenlampe wurde immer schwächer. Kein Wunder, wo er die Batterie ewig nicht gewechselt hatte. Plötzlich hörte er wieder ein Geräusch. Leise Schritte? So, als ob jemand seine Anwesenheit verbergen wolle? Sein Herzschlag beschleunigte sich. Für einen kurzen Moment überlegte er, laut zu rufen, aber dann hielt er das für keine besonders gute Idee. Dadurch verriet er, wo er sich genau befand. Vielleicht sind es Kinder, die verstecken spielen, versuchte er, sich zu beruhigen, ein Landstreicher, der sein Nachtlager aufschlagen will ... aber hier draußen? Weit und breit gab es kein bewohntes Haus in der Nähe. Leider fiel ihm eine weitere Möglichkeit ein. Schweißtropfen bildeten sich auf seiner Stirn, dabei war es tagsüber schon kühl gewesen, die Temperatur noch gefallen.

Was nun? Er konnte durch die Terassentür verschwinden, sich in sein Auto setzen und fahren. Nein, das war nicht sein Stil. Er würde sich nicht so schnell von einem undefinierbaren Geräusch einschüchtern lassen. Schließlich war das seine Baustelle! Während ihm eine Schweißperle ins linke Auge tropfte, bewegte er sich langsam vorwärts. Er wischte sich über die Stirn und schlich weiter. Das Licht der Taschenlampe flackerte. Kam das vom Zittern seiner Hand oder stand die Batterie kurz davor, völlig ihren Geist aufzugeben? So gut es ging, leuchtete er die Diele aus, doch da war niemand. Das leise Knacken musste aus dem Treppenhaus gekommen sein. Vorsichtig setzte er einen Fuß vor den anderen. Den Lichtkegel hielt er jetzt auf den Boden gesenkt, weil er Angst hatte, über irgendein herumliegendes Brett oder einen Stein zu stolpern.

Er war erst wenige Meter vorangekommen, da hörte er ein kaum wahrnehmbares Klicken. Seine Nackenhaare stellten sich auf. Er glaubte nun ganz sicher, dass sich hier jemand herumtrieb und zwar jemand, der nicht bemerkt werden wollte. Er war nicht allein. Am liebsten hätte er laut geschrien, aber wer sollte ihn in dieser Einöde schon hören? Mit dem Smartphone die Polizei oder sonst jemanden anrufen? Damit machte er sich höchstens lächerlich. Zudem würde es viel zu lange dauern, bis Hilfe eintraf. Immenhoff nahm allen Mut zusammen und lief weiter. Endlich erreichte er das Treppenhaus. Fast wäre er über einen umgekippten Sandsack gestolpert, dessen Inhalt halb verschüttet war. Mit angehaltenem Atem leuchtete er die Wände ab. Sie kamen ihm seltsam bedrohlich vor. Was war das? Ein kurzes Rascheln kam aus dem Keller. Doch ein Tier? Während er zwei Schritte zur Seite trat, atmete er erleichtert aus. Immenhoff beugte sich leicht nach vorne und hielt die Taschenlampe in das Loch, in das später die Treppe eingebaut werden sollte. Auf seiner gegenüberliegenden Seite ragten die obersten Sprossen einer Leiter über die Bodenplatte hinaus.

Plötzlich stieß jemand von hinten mit Wucht gegen seinen Rücken. Er taumelte, stürzte in die Tiefe. Im Fallen griff er nach der Leiter. Sie kippte leicht zur Seite. Es wurde dunkel, als ihm die Taschenlampe aus der Hand glitt und ein wenig vor ihm unten landete. Ein höllischer Schmerz durchfuhr seinen linken Fuß, obwohl die Leiter den Sturz abgefedert und damit den Aufprall gedämpft hatte. Ängstlich schielte er nach oben und lauschte, doch er sah und hörte nichts. Benommen tastete er seinen Körper ab. Bis auf den Fuß schien er heil davongekommen zu sein. Er brauchte noch ein paar Sekunden, bis er klar denken konnte. Wo war derjenige, der ihm den Stoß versetzt hatte? Er brauchte dringend seine Taschenlampe. Hektisch suchte er den Boden um sich herum ab und fand sie schließlich.

Ehe Immenhoff sie in die Hand nehmen konnte, leuchtete ihm etwas ins Gesicht. Der Lichtkegel wanderte an seinem Körper entlang, und er konnte über sich an der Kante des Lochs für die Treppe schwach die Umrisse einer Gestalt erkennen. Sie lief zu der Leiter. Als sie sich anschickte, zu ihm nach unten zu klettern, pochte sein Herz zum Zerspringen. Verletzt hatte er keine Chance gegen sie. Er schrie um Hilfe. Auch wenn es aussichtslos war.

Plötzlich vernahm er Hundegebell. Es kam von außen und es wurde lauter. Die Gestalt hielt inne. Offensichtlich hatte sie es auch gehört. Sie schien zu überlegen.

»Hilfe! Hilfe!«, rief Immenhoff immer wieder.

Eine Ladung Sand, wohl aus dem umgekippten Sack, landete auf seinem Gesicht. Sein Schrei verstummte, nur das Tier kläffte weiter. Während er den Sand ausspuckte, verschwand die Gestalt. Er wollte sich laut bemerkbar machen, aber seine Stimme gehorchte ihm nicht. Auch das Hundegebell war inzwischen verstummt. Immenhoff rappelte sich vom Boden hoch und belastete den schmerzenden Fuß. Es tat ungeheuer weh, er biss jedoch die Zähne zusammen. Er humpelte zur Leiter und stellte sie auf. Entschlossen stieg er mit dem gesunden Fuß auf die unterste Sprosse und zog sich an den Armen hoch. Es würde eine Weile dauern, bis er seinen Wagen erreichte, aber dann hätte er es erst einmal geschafft. Zum Glück hatte der Cayenne eine Automatik und er brauchte den lädierten Fuß nicht zu benutzen.

Während er den Weg zurücklegte, fragte er sich, ob er die Polizei einschalten sollte. Nein, das kam nicht infrage. Die würden ihm einen Strick daraus drehen, dass er die Baustelle nicht vor unerlaubten Eindringlingen gesichert und damit die Vorschriften nicht eingehalten hatte. Zudem war der Täter sicher schlau genug gewesen, um keine Spuren zu hinterlassen. In Zukunft musste er extrem wachsam sein.

18

Die Person erreichte die erste Ortschaft. Ihr zitterten die Knie, als sie den Wagen in eine Seitenstraße lenkte und anhielt. Hier würde er nicht auffallen. Während sie hinter dem Lenkrad saß und durch die Windschutzscheibe starrte, ging ihr Atem immer noch schnell.

»Scheiße, Scheiße, Scheiße«, fluchte sie leise vor sich hin. Warum musste dieser Mistköter nur dazwischenkommen? Nur weil der Hund und sein Besitzer aufgetaucht waren, hatte der Plan nicht funktioniert. Gut, vielleicht hätte der Stein nicht die richtige Stelle an Immenhoffs Kopf getroffen und den Mord hätte man deshalb nicht als Unfall eingestuft, aber der Dreckskerl wäre zumindest tot. Nach dem schmerzverzerrten Gesicht zu urteilen, war Immenhoff verletzt, und es wäre ein Leichtes gewesen, ihm den Rest zu geben. Genau so hatte es klappen sollen. Nun aber musste ein neuer Plan her. Und zwar schnell.

Die Person ging noch einmal die Ereignisse durch, seit sie aus dem Rohbau geflüchtet war. Draußen hatte sie in einer Entfernung von etwa zweihundert Metern einen Schäferhund und sein eher schmächtiges Herrchen entdeckt. Da das Tier angeleint war und sich die beiden entfernten, hatte sie kurz in Erwägung gezogen, noch einmal zurückzugehen, um die Tat zu vollenden. Der Köter hatte den Kopf jedoch plötzlich nach hinten gedreht und wieder zu bellen angefangen. Die Person seufzte mehrmals. Nein, das Risiko war wirklich zu hoch gewesen. Wie schnell hätte der Halter die Richtung wechseln können oder der Hund hätte sich losgerissen? In diesem Fall hätte die Maskierung wenig genützt. Unwillkürlich schielte die Person zu der Wollmütze mit Sehschlitzen auf dem Beifahrersitz, die sie während der rasanten Fahrt abgezogen hatte. Sie streckte den Arm danach aus und verstaute das Teil im Handschuhfach.

Ob Immenhoff wohl die Polizei einschalten würde? Eigentlich glaubte die Person das nicht. Wie sie den Kerl einschätzte, ging es auf der Baustelle garantiert nicht rechtens zu, und es wäre nicht in seinem Sinne, dass die Beamten dort herumschnüffelten. Zu schnell könnten sie auf unlautere Machenschaften aufmerksam werden. Und selbst wenn Immenhoff Anzeige erstatten würde, welche Spur sollte zu dem Täter des Mordanschlages führen? Auf der Baustelle musste es von DNA-Material wimmeln, das aber in Schutt und Sand wohl kaum zu lokalisieren war. Fußabdrücke? Nachdenklich schaute die Person an ihrem Körper herunter. Die Schuhe waren voller Dreck. Zu Hause wollte sie die Sneakers sofort verbrennen. Sie stellte sich gerade vor, wie sie das genau anstellen würde, da horchte sie auf.

Aus dem Hauseingang gegenüber kam ein junges Paar. Die Frau hatte offensichtlich die Tür gerade zugezogen, der Mann bewegte sich bereits in Richtung Straße. Die Person schwitzte aus allen Poren. Vermutlich ging von den Passanten keine Gefahr aus, trotzdem senkte sie den Kopf. Als das Paar einige Meter entfernt war, startete die Person den Motor und fuhr los.

19

Pielkötter brummte unzufrieden vor sich hin. Seine Schulter tat noch häufig weh, eigentlich bei fast jeder Bewegung. Der ganze Therapieplan war eben der reinste Mist. Als ob die Klinik zu viel Psychologen und Psychotherapeuten angestellt hätte und zu wenig manuelle Therapeuten. Statt bei Juliana Meinertshagen abzuhängen, hätte er sich lieber eine Massage gewünscht und ein Sprudelbad genommen, erst eins hatte er bisher genießen dürfen. Selbst die physiotherapeutischen Übungen, die oft sehr schmerzhaft waren, hätte er gerne über sich ergehen lassen und intensiv mitgearbeitet. Alles empfand er sinnvoller, als sich die Gedichte von Magdalena Kiesewetter anzuhören, die Reaktionsskala von Juliana Meinertshagen zwischen blasiert und überfordert zu erleben und erst recht selbst den Hampelmann zu machen, der seine Probleme nicht allein auf die Reihe bekommt.

Missmutig hastete Pielkötter im Treppenhaus die Stufen hinauf und geriet dabei ins Stolpern. Bitte nicht die Schulter, durchfuhr es ihn, aber zum Glück passierte nicht viel. Er konnte sich auf den Beinen halten und nur seine rechte Handkante schrammte an dem frischen leuchtend gelben Rauputz entlang. Das kommt davon, wenn man so schnell sein will, dachte er.

In der ersten Etage traf er auf Thorsten Sperling. Der Mann sah ganz erbärmlich aus und tat ihm leid. »Die Therapiestunden bei Juliana Meinertshagen finde ich ziemlich ätzend«, erklärte Pielkötter, nur um etwas zu sagen. Normalerweise wirkte solch ein Satz wenig aufbauend, aber in dieser speziellen Situation galt das wahrscheinlich nicht. Auf jeden Fall wollte Pielkötter damit eine gewisse Solidarität signalisieren, die Sperling sicher brauchte, nachdem er die letzte Gruppensitzung so fluchtartig verlassen hatte.

Thorsten Sperling lächelte scheu. »Ich muss mich bei Ihnen entschuldigen.«

»Wieso?«, fragte Pielkötter irritiert.

»Nun ja, wir sind ja zusammen zur Gruppentherapie gegangen und dann lege ich so einen Abgang hin. Möglicherweise haben Sie sich auch dadurch betroffen gefühlt.«

»Nein, nein, da machen Sie sich mal keine Sorgen. In gewisser Weise hat mir Ihr Auftritt sogar imponiert. Also, die Miene von Frau Meinertshagen war schon sehenswert.«

»Ich habe das eigentlich alles gar nicht so geplant, da kam eins zum andern«, erklärte Sperling. »In der Stadt bin ich zufällig an einem Laden für Geschenke vorbeigekommen. Draußen hatten sie einen Ständer aufgestellt. An dem hing genau der gleiche rote Rettungsring, den die Meinertshagen mitgebracht hat. Da musste ich den kaufen, obwohl ich zu diesem Zeitpunkt gar nicht wusste, was ich eigentlich damit anfangen wollte. Später kam mir die Idee, mit Hilfe des Rings meinen Abgang zu inszenieren.« Sperling fuhr sich mehrmals mit der Hand über die Stirn. »Ich muss unbedingt aus dieser Gruppe raus, sonst werd ich verrückt. Einfach nicht hinzugehen, ist keine Lösung, sicher würde die Meinertshagen mich anschwärzen und die Krankenkasse macht Druck. So aber habe ich vielleicht eine Chance, dass sie den Vorgang nicht meldet, weil das auf sie als Therapeutin kein gutes Licht wirft. Es sieht ja dann so aus, als habe sie die Gruppe nicht im Griff.«

Pielkötter musste lachen. »Das trifft die Sache doch ziemlich genau.«

»Sollten sie mich zwingen, noch einmal bei dieser Gruppentherapie mitzumachen, schmeiße ich jedenfalls die ganze Kur hin, sofern man diesen Zirkus überhaupt so nennen darf. Die Meinertshagen ist unfähig, sich in ihre Patienten hineinzuversetzen. Sie kann nicht nachvollziehen, was los ist innen drin.« Dabei klopfte er sich mehrmals gegen die Brust. »Wie kann sie die Frau mit so einem Gedicht auf mich loslassen? Ich würde es einfach nicht ertragen, wenn ich mein Problem vorstelle und die Meinertshagen einen dummen Spruch ablässt. Der traue ich doch alles zu, nur nicht, dass sie sich wie eine kompetente Therapeutin verhält.«

»Wem sagen Sie das«, erwiderte Pielkötter und nickte zustimmend. »Sie sprechen mir wirklich aus der Seele. Was halten Sie davon, nach dem Abendessen mit mir ein Bier trinken zu gehen?«

Sperling blickte zuerst skeptisch, vielleicht auch einfach nur ernst. »Heute geht es leider nicht. Aber morgen würde bei mir passen. Wahrscheinlich haben Sie Recht. Immer nur alleine zu grübeln, führt zu nichts. Am besten treffen wir uns in der Eingangshalle. Sollte etwas dazwischenkommen, sage ich Ihnen vorher ab oder ...«

Sperling stoppte mitten im Redefluss, was Pielkötter ein wenig irritierte. »Und wohin wollen wir gehen?«, fragte er schnell, um das Gespräch nicht abreißen zu lassen.

»Das überlasse ich Ihnen. Ich habe schon so oft auf dieser Insel meinen Urlaub verbracht, aber Sie möchten in der kurzen Zeit, in der Sie hier sind, möglicherweise etwas Neues kennenlernen.« Plötzlich starrte er auf Pielkötters Arm. »Was haben Sie denn mit Ihrer Hand gemacht?«

»Oh!«, Pielköter registrierte erst jetzt Blut an der Kante seiner Rechten. »Ich bin vorhin im Treppenhaus an dem Rauputz entlanggeschrammt.«

»Haben Sie ein Pflaster?«

»Ich glaube nicht«, erwiderte Pielkötter. Unwillkürlich musste er an Marianne denken, die früher immer einen kleinen Beutel mit Medikamenten, Verbandszeug und anderen nützlichen Sachen eingepackt hatte. Er selbst hatte daran leider nicht gedacht.

»Dann kommen Sie eben mit rein«, schlug Sperling vor. »Ich habe etwas in meinem Zimmer.«

Pielkötter folgte ihm eilig. Er hatte es nicht darauf angelegt, den Raum zu inspizieren, aber dass Sperling nicht gerade als Ordnungsfanatiker durchgehen würde, sah er auf einen Blick. Während Sperling im Bad verschwand, starrte Pielkötter auf den Tisch. Dort stapelten sich Zeitschriften, mehrere Kugelschreiber, Socken, ein Obstteller, eine Tüte Nüsse und ein Schlüssel mit auffälligem Anhänger. Wenige Augenblicke später kehrte Sperling mit dem Pflaster zurück. Seine Miene wirkte plötzlich verkniffen. Hastig räumte er alles vom Tisch und warf die Sachen aufs Bett, dann überreichte er Pielkötter zwei Strips. Offensichtlich schämte er sich für sein Chaos, dabei machte Pielkötter das nun wirklich nichts aus.

»Treffen wir uns morgen um acht?«, fragte Sperling.

»Ja, das passt. Uns wird noch genug Zeit bleiben, bis wir wieder in der Klinik zurück sein müssen.«

Pielkötter bedankte sich und verließ das Zimmer. Auf dem Gang wunderte er sich über sein Verhalten. Normalerweise gehörte es nicht zu seinen Gepflogenheiten, fremde Menschen einfach anzusprechen, erst recht nicht, ein Treffen vorzuschlagen, aber er hatte das Gefühl, Sperling helfen zu können. Der Mann und sein Schicksal interessierten ihn,. Vielleicht gerade, weil er seine Probleme nicht so herausposaunte wie beispielsweise Magdalena Kiesewetter. Die war sicher froh, dass ihr die Reha Zuhörer bescherte. Die Verwandten und Bekannten hatten für ihr Problem - und vor allem ihre Gedichte - bestimmt nur noch ein müdes Lächeln übrig oder nahmen gleich Reißaus. Jedenfalls freute sich Pielkötter auf das gemeinsame Bier morgen Abend und er war sogar gewillt, etwas von sich preiszugeben, um in Vorleistung zu gehen und Thorsten Sperling die Sache zu erleichtern. Sichtlich besser gelaunt machte er sich auf den Weg zum Speiseraum.

Inzwischen hatte Pielkötter zwei neue Tischnachbarn bekommen: Ulla Meissen und Jens Büderich. Friedhelm Streckmann, der damals zeitgleich mit ihm nach Norderney gekommen war, hatte seine Rehamaßnahme erfolgreich beendet und Wolfgang Schröder war tot. Als Pielkötter an ihn dachte, stieg ein wenig Wehmut in ihm auf, obwohl er den Mann zu seinen Lebzeiten nicht besonders gemocht hatte.

Der Tisch stand an der Wand, so dass nur drei Patienten dort speisen konnten. Pielkötter saß mit Blick zum Fenster genau gegenüber von Jens Büderich. Vor Kopf hatte man Ulla Meissen platziert, eine pensionierte Lehrerin. Nun ja, zuweilen waren Lehrer besser als ihr Ruf, genauso wie Polizisten. Jens Büderich und Pielkötter sprachen während der gemeinsamen Mahlzeiten kaum, aber das war Ulla Meissen nur recht. Sie hatte viel zu erzählen, von der Talfahrt des deutschen Bildungssystems und von den Eltern, die in puncto *miese Umgangsformen* ihre Sprösslinge gehörig in den Schatten stellten. Manchmal waren ihre Anekdoten ganz amüsant. *Kanada ist die Hauptstadt von Paris,* hatte sie einst ein Schüler allen Ernstes wissen lassen. Tja, was korrigierte man da zuerst? Heute war Ulla Meissen der Mahlzeit jedoch ferngeblieben. Sie hatte schon beim Frühstück erklärt, sie fühle sich nicht gut. Pielkötter genoss die Ruhe ein wenig. Nicht, dass er seiner Tischnachbarin Schlechtes gönnte, aber zuweilen gestaltete es sich etwas schwierig, die Dame zu unterbrechen, um vom Stuhl aufzustehen, sich den Nachtisch zu holen, oder einfach zum nächsten Termin zu eilen.

Pielkötter hatte etliche schmerzhafte Übungen bei seinem Physiotherapeuten und nun die Progressive Muskelentspannung nach Jakobson in sieben Schritten neben einem leise schnarchenden Mitpatienten über sich ergehen lassen und konnte es kaum erwarten, endlich freie Zeit zu haben. Allerdings hatte er nicht mit Marcus Trautwein gerechnet.

»Einen Moment bitte, Herr Pielkötter«, rief der Therapeut ihm zu seinem Erstaunen hinterher. Während die anderen Teilnehmer munter plaudernd den Raum verließen, eilte Trautwein direkt auf ihn zu. »Ich beobachte das nicht zum ersten Mal«, fuhr er fort, als er neben ihm stand. »Bei Ihnen habe ich den Eindruck, als würden Sie die Übungen nicht richtig ernst nehmen.«

»Und woraus schließen Sie das?«, fragte Pielkötter, um erst einmal Zeit zu gewinnen.

»Das scheint mir recht offensichtlich«, erklärte Trautwein, wobei er die Augenbrauen hob und kurz den Mund zu einem Grinsen verzog. »Sie müssten sich selbst einmal beobachten. Sie gähnen auffallend oft, Sie verdrehen die Augen. Kurzum, Sie wirken gelangweilt, so als ob Sie nicht ganz bei der Sache wären. Anscheinend sagt Ihnen die Muskelentspannung nach Jakobsen nicht zu.«

»Nun ja, also, Physiotherapie halte ich wirklich für sinnvoller und effektiver in meinem Fall, wenn Sie das so genau wissen wollen.«

»Wir arbeiten nicht gegeneinander, sondern Hand in Hand«, erwiderte Trautwein. »Schauen Sie, ich selbst biete ja sowohl die eine als auch die andere Behandlung an.« Er musterte Pielkötter durchdringend, doch nicht unfreundlich. »Denken Sie bitte darüber nach und geben Sie Ansätzen eine Chance, die Sie im Moment vielleicht für unwichtig halten.« Er lachte. »Und jetzt wünsche ich Ihnen eine schöne Freizeit ohne Therapie. Oder steht bei Ihnen heute noch etwas an?«

»Nein, nein«, antwortete Pielkötter schnell.

20

Die Strandkorbvermieterin Liz Heinze befand sich auf dem Heimweg und blickte neugierig zur Georgshöhe hinauf. Stand dort oben nicht Jonathan Klocke? Sie neigte den Kopf etwas, um durch ihre neue Gleitsichtbrille besser sehen zu können. Tatsächlich, er war es. Mit verkniffenen Gesichtszügen schaute er auf das aufgewühlte Meer hinunter. Glücklich sah der nicht gerade aus. Die See liegt dir zu Füßen, aber das Wasser steht dir förmlich bis zum Hals, sinnierte sie. Man hörte ja so einiges, besonders wenn man täglich mit vielen Leuten zusammenkam und die Ohren ein wenig offenhielt. Und Liz Heinze war auf Norderney dafür bekannt, die Ohren ganz weit offenzuhalten. Plötzlich schallte ein Lachen von Klocke zu ihr herüber, oder war es ein Wehgeschrei? Auf sie wirkte er, als wolle er jeden Moment von der Anhöhe hinunterlaufen, die Promenade und den Strand überqueren, um sich in die Fluten zu stürzen. Bei den Temperaturen wären die Chancen, zu überleben, äußerst gering, überlegte Liz.

Stand es wirklich so schlimm um Klocke? Seine Ehe sollte inzwischen genauso kriseln wie sein Hotelgeschäft, wobei beides mit Sicherheit zusammenhing. Sie malte sich aus, welche finanzielle Katastrophe auf ihn und so einige andere zukäme, wenn erst die Norderneyer Mall gebaut würde. Sofern das, was sie darüber gehört hatte, stimmte, hatte allein das Gerücht vom baldigen Baubeginn bewirkt, dass die Bank Klocke keinen Kredit mehr geben wollte. Und sie konnte es dem Filialleiter nicht einmal verdenken. Wie sollte Klocke das Geld denn zurückzahlen, wenn man ihm für die Zukunft wegen des Lärms und der Belästigung während der Bauphase eine schwache Auslastung seines Hotels prognostizierte? Klockes Übernachtungsbetrieb lag so nah wie kein anderer bei der geplanten Mall. Ihr Mitleid hielt sich allerdings in Grenzen.

Schließlich hatte er seine Misere in gewisser Weise selbst verschuldet. Man munkelte, er hätte so einiges an Kapital verspielt. »Tja, jetzt musst du dir wohl eine Lösung ausdenken«, flüsterte sie, »und die wird bestimmt nicht einfach sein.«

Klocke schaute verstohlen nach Osten. Sah er im Geiste bereits die Norderneyer Mall, die sich dort in absehbarer Zeit von der Umgebung abheben würde? Missmutig wirkte er, als er von der Anhöhe nach unten stieg. Liz hatte keine Lust auf Smalltalk und entfernte sich schnell. Als sie sich nach wenigen Metern umdrehte, bekam sie mit, wie Klocke gerade auf der Promenade mit Gonne Mackenbrock zusammenstieß.

»Pass doch gefälligst auf«, brüllte Mackenbrock so laut, dass sie es gut verstehen konnte. »Hast du denn keine Augen im Kopf?«

Die Zeiten, als Klocke noch zu den angesehenen Geschäftsleuten gehörte und gemeinsam mit Mackenbrock gefeiert hatte, waren offensichtlich vorbei.

»Jemanden aus Versehen anzurempeln ist noch lange nicht so schlimm, wie absichtlich auf einen Deal mit Immenhoff einzugehen«, entgegnete Klocke wütend.

Obwohl Liz sich eigentlich abwenden sollte, konnte sie nicht anders als dem Gespräch zu lauschen. Die beiden Kontrahenten waren ohnehin so in ihr Streitgespräch vertieft, dass sie ihre Umgebung kaum wahrnahmen.

»Das sagt der Richtige!«, platzte es aus Klocke heraus. »Schließlich war es deine Frau, die mitgeholfen hat, den Planungsbeschluss zu Immenhoffs Projekt durch den Stadtrat zu peitschen.« Klocke machte eine kleine Pause und legte noch einmal nach. »Aus welchem Grund auch immer.«

Mackenbrock schien Klocke mit seinem Blick zu durchbohren, dann ließ er ihn einfach stehen.

Liz beeilte sich ebenfalls, nach Hause zu kommen.

21

Pielkötter lächelte vor sich hin. Seit Marianne das Thema Ferienwohnung angesprochen hatte, gefiel ihm die Vorstellung immer besser, ein eigenes kleines Domizil auf Norderney zu besitzen. Wie er inzwischen Dank des kurzfristig mal funktionierenden Internets herausgefunden hatte, hieß der Makler, der ihm aufgefallen war, Immenhoff. Mit doppeltem F am Ende und er hatte nichts mit dem Immenhof zu tun. Nur eines wusste er deshalb doch noch nicht. War das der Mann, auf den etliche Norderneyer Bürger sehr wütend waren, wie er bei dem belauschten Gespräch im Strandkorb aufgeschnappt hatte?

Inzwischen kannte er auch die Adresse von Immenhoffs Büro mitten in der Einkaufszone, umgeben von Geschäften, Cafés und Restaurants. Zuerst hatte Pielkötter überlegt das Mittagessen hastig hinunterzuschlingen, um die Pause zu verlängern und sich zur City aufzumachen, aber das Risiko, zu spät zur Wassergymnastik zu erscheinen war ihm dann doch etwas zu hoch erschienen. Außerdem hatte er heute sowieso eher frei. Die Gruppentherapiestunde ganz am Ende seines Anwendungsplans fiel aus. Juliana Meinertshagen hatte sich krankgemeldet. Kaum zu fassen war das. Pielkötter konnte sich einfach nicht vorstellen, dass die Psychologin wirklich erkrankt war. Wahrscheinlich traute sie sich nur nicht in die Höhle der Löwen namens Teinert, Sperling und Pielkötter, oder ihr ging Magdalena Kiesewetter zu sehr auf die Nerven, obwohl Letzteres wohl etwas weit hergeholt war. Auf jeden Fall verschaffte die Meinertshagen ihm mit ihrer Krankmeldung genug Zeit, das Maklerbüro noch rechtzeitig vor Schließung aufzusuchen.

Die Fußgängerzone war an diesem Nachmittag gut besucht. Etliche Urlauber flanierten an ihm vorbei. Die Regenwolken hatten sich verzogen und einige Unempfindlichere wärmten sich an ihrem Kaffee oder einem Cappuccino im Freien oder eher innerlich bei einem hochprozentigen Getränk. Bevor Pielkötter das Maklerbüro betrat, studierte er kurz die Angebote, die an der Scheibe hingen, und war schockiert. Sofern man dort eine repräsentative Auswahl hingehängt hatte, kam für ihn und Marianne der Kauf eines Appartements nicht infrage. Am liebsten hätte er sein Vorhaben direkt abgeblasen, aber vielleicht konnte man sich ja als Interessent eintragen lassen, falls mal etwas Günstigeres zum Verkauf stehen würde. Zwar glaubte er nicht wirklich daran, aber er wollte Marianne gegenüber demonstrieren, dass er nichts unversucht gelassen hatte.

Ein recht lautes *Ding-Dong-Ding-Dong* kündigte an, dass Pielkötter die Eingangstür geöffnet hatte. Als er eintrat, empfing ihn ein Duft aus Orangenöl und Sandelholz. Er sah sich um und erspähte auf einer Anrichte an der rechten Wand ein Glasgefäß mit Aromaöl neben einem Buddha aus Stein. Hatte er sich etwa in dem Geschäft geirrt? Das konnte kaum sein. Plötzlich wurde eine Tür im hinteren Bereich aufgerissen und eine Frau Ende vierzig, Anfang fünfzig trat herein. Die Farbe ihres schicken braunen Hosenanzugs hatte fast denselben Farbton wie ihr Haar.

»Mein Name ist Birgit Hoppenstraat, was kann ich für Sie tun?«, fragte sie mit leiser, melodischer Stimme.

Ehe Pielkötter antwortete, blickte er noch einmal kurz zu der Buddha-Statue. »Ich hatte eigentlich Herrn Immenhoff erwartet.«

»Nun, ich bin seine Mitarbeiterin. Aber falls Sie ihn persönlich sprechen wollen, haben Sie Glück. Er ist im Haus.« Sie lächelte fast penetrant. »Ich meine, ohne terminlich eingebunden zu sein, was bei Mario Immenhoff höchst selten vorkommt.«

Pielkötter ließ noch einmal jedes Wort Revue passieren. Wie elegant sie das ausgedrückt hatte! Oder war das einfach nur umständlich?

»Ich bringe Sie zu ihm, Herr ...«

»Pielkötter.«

Nachdem er seinen Namen genannt hatte, wandte sie sich sofort um. Dabei hätte er mit einer Angestellten sein Anliegen, die Suche nach einer bezahlbaren Ferienwohnung, lieber besprochen als mit dem Chef. Außerdem hätte er es für angemessen gehalten, wenn sie ihn angekündigt hätte. Wenn sein Mitarbeiter bei der Kripo Duisburg ihm einfach ohne Ankündigung jemanden in sein Büro schicken würde, müsste er sich auf eine Zurechtweisung gefasst machen.

Sie klopfte mehrmals gegen die Tür, aus der sie vorhin gekommen war, aber alles blieb still. Endlich ertönte ein gequältes »Ja doch, Frau Hoppenstraat.« Na bitte, der war auch nicht begeistert.

»Ich habe hier einen Kunden für Sie. Einen Herrn Pielkötter, der gerne persönlich von Ihnen beraten werden möchte.« Pielkötter wunderte sich. So hatte er das eigentlich nicht ausgedrückt. »Und ich bin dann mal weg. Sie wissen ja, mein Termin.«

Während Birgit Hoppenstraat verschwand, näherte sich Pielkötter Immenhoffs wuchtigem halbrundem Schreibtisch. Eine Art U-Form mit abgerundeten Ecken in glänzendem Weiß. Auf der linken Seite stand eine Vase mit einer Rose neben einem Kristallaschenbecher, der wahrscheinlich nicht benutzt wurde. Zumindest konnte Pielkötter keinen Zigarettenrauch riechen. Vielleicht ein Erinnerungsstück. Immenhoff, sonnengebräunt und zurückgegelte Haare, wirkte smart. Der Makler erhob sich mit schmerzverzerrtem Gesicht und gab Pielkötter die Hand.

»Was kann ich für Sie tun?«, gebrauchte er dieselben Worte wie seine Mitarbeiterin. Möglicherweise gab es hier eine genaue Anweisung, wie man sich gegenüber potenziellen Kunden verhielt, folgerte Pielkötter. Dazu passte aber kaum diese eher unfreundliche Miene.

»Nun, ich wollte mich über kleinere Ferienwohnungen oder Appartements auf Norderney informieren.«

»Welche Preisvorstellung haben Sie denn?« Während Pielkötter noch überlegte, zog Immenhoff eine Schachtel Tabletten aus der Jackentasche seines sicher sündhaft teuren Jacketts. Er schluckte sie und trank etwas Wasser aus einem Glas hinterher, das Pielkötter erst jetzt auffiel. »Entschuldigen Sie bitte, aber mein Fuß tut höllisch weh«, erklärte Immenhoff.

»Sportunfall?« Pielkötter schaute auf die Bildergalerie hinter dem Schreibtisch. Die Fotos zeigten den Makler bei etlichen sportlichen Aktivitäten wie Snowboarden, Segeln und Wellenreiten. Jedenfalls wirkte sein Gegenüber nicht gerade krank und bei der gesunden Gesichtsfarbe und einem Alter von höchstens vierzig Jahren hätte er das auch kaum erwartet.

»Schön wär's«, erwiderte Immenhoff zu seinem Erstaunen. »Dann brauchte ich mir jetzt nicht so viele Gedanken zu machen.«

»Wie meinen Sie das?«, fragte Pielkötter hellhörig.

»Ach, vergessen Sie das. Es ist auf einer Baustelle passiert. Kommen wir auf die Preiskategorie zurück.«

»Ich glaube, ich fange besser mit meiner Vorstellung an. Es kann ruhig ein Einraumappartement sein. Zentrale Lage oder Strandnähe ist uns auch nicht so wichtig.«

»Derartige Objekte sind im Moment eher rar«, erklärte Immenhoff. »Preislich liegen sie bei etwa 250.000 Euro aufwärts.«

Pielkötter schluckte. Also waren die Angebote, die er draußen studiert hatte, durchschnittlich teuer gewesen und keine besonders hochwertigen Immobilien, wie er gehofft hatte. Der Makler sah ihn mit einem beschwörenden Blick an und senkte seine Stimme. »Eines kann ich Ihnen bereits verraten. Demnächst geht es preislich auf unserer Insel so richtig ab. Sobald die Norderneyer Mall steht, können Sie jedes Objekt mit hohem Gewinn verkaufen.«

»Die Norderneyer Mall? Davon habe ich nur einmal gehört.«

»Nun, das Projekt wird auch gerade erst geplant.« Immenhoff trank einen weiteren Schluck Wasser und wischte sich mit der

Hand über den Mund. »Ich gehe davon aus, dass Sie noch etwas Bedenkzeit brauchen. Melden Sie sich dann bitte wieder«, fuhr er fort, ehe sich Pielkötter überhaupt dazu äußern konnte. Ohne aufzustehen reichte er Pielkötter die Hand.

Das war's also mit unserer Ferienwohnung, dachte Pielkötter, als er kurz darauf leicht enttäuscht das Büro verließ.

22

Der Mund der Person verzog sich zu einem Grinsen, in dem fast etwas Diabolisches lag. Heute war endlich Zahltag für Immenhoff und es durfte nichts mehr schiefgehen wie auf der Baustelle. Schließlich war der neue Plan viel besser als dieser Schnellschuss auf dem Festland mit etlichen Risiken. Seit die Idee ausgereift war, sehnte die Person den Moment herbei, an dem Immenhoff erkannte, was mit ihm geschehen würde. Der Gedanke an Rache begleitete und beflügelte sie in jeder Sekunde. Nun würde Immenhoff bluten für seine Missetaten, die so schon einige Opfer gefordert hatten. Ganz zu schweigen von seinen Projekten, die im Begriff waren, so viel neues Unheil über die Insel zu bringen. Sofern das Dreckschwein seine Gewohnheiten nicht aus irgendeinem Grund in letzter Minute änderte, würde er den heutigen Abend nicht überleben.

Plötzlich empfand die Person ein banges Gefühl. Wenn nun etwas dazwischenkommen würde? Ein überlanges Kundengespräch, ein verheißungsvolles Date, das Immenhoff so wichtig war, dass er dafür auf seinen frauenfreien Tag verzichten wollte. Nun, wenn man seiner Haushaltshilfe Friederike Hanussen glauben durfte, kam das so gut wie niemals vor. Mario Immenhoff konnte es sich eben leisten, die Damen warten zu lassen, sie lagen ihm trotzdem zu Füßen. In der Miene der Person zeigte sich für einen kurzen Moment wieder dieses diabolische Grinsen. Ein Blick auf die Armbanduhr unter dem schwarzen Handschuh ergab, dass Immenhoff jeden Moment zu Hause eintreffen konnte. Nun, ihm würde ein ganz besonderer Empfang in seiner schicken, einsam gelegenen Villa zuteilwerden.

Unter keinen Umständen durfte es zu einem offenen Kampf kommen, in dem die Person wohl unterlegen sein würde. Eine Waffe sollte aber nur im äußersten Notfall zum Einsatz gebracht werden. Unwillkürlich glitt ihre Rechte in die Hosentasche ihres Trainingsanzuges und tastete nach dem Messer mit der langen scharfen Klinge, die jetzt noch in einer Scheide aus Leder steckte und hoffentlich dort bleiben würde.

Plötzlich ein Geräusch und Adrenalin, das durch die Adern schoss. Ein Auto fuhr in Richtung Villa. Immenhoff wohnte östlich der Mühlenstraße und hier herrschte kein Fahrverbot. Die Person schlich zu der Glasfront neben der Haustür und starrte hinaus. Immenhoffs Porsche Cayenne näherte sich der Garage. Der Motor verstummte. Noch ehe Immenhoff aus dem Wagen steigen konnte, rannte die Person wie gehetzt durch den Eingangsbereich weiter nach hinten. Von dort führte eine breite Treppe aus Carrara-Marmor in den Keller. Mit zitternden Knien hastete sie die Stufen hinunter. Schweißtropfen traten auf ihre Stirn. Als sie das Kellergeschoss erreicht hatte, hämmerte ihr Herz, als wolle es jeden Augenblick zerspringen. Sie zog eine kleine Taschenlampe aus der Trainingsjacke und knipste sie an. Zum Glück kannte sie sich hier unten aus. Sie war nicht zum ersten Mal in Immenhoffs Haus. Die Tür hinten links führte in einen winzigen Vorratsraum, wo hauptsächlich Putzutensilien lagerten. Die Person schlich sofort in diese Richtung. Die Gummisohlen ihrer Schuhe verursachten kaum wahrnehmbare Laute. Trotzdem hatte sie das Gefühl, herumzupoltern, als käme sie mitten in der Nacht sturzbetrunken nach Hause.

Die Person hatte noch nicht den Vorratsraum erreicht, da vernahm sie ein Geräusch von oben. Wahrscheinlich schloss Immenhoff gerade die massive Haustür zu seiner Villa auf. Während sie eilig die Taschenlampe ausknipste, tropften Schweißperlen von ihrer Stirn. Vorsichtig huschte sie in der Dunkelheit weiter. Mit einem Mal wurde es etwas heller. Das Licht aus dem Eingangsbereich strahlte ein wenig nach unten. Obwohl der Dreckskerl sie von seiner Position aus auf keinen Fall sehen konnte, bildete sie sich für einen kurzen Moment ein, er hätte sie bereits entdeckt. Inzwischen hatte sie die kleine Kellerkammer erreicht. Mit Fingern, die ihr nicht richtig zu gehorchen schienen, fasste sie nach der Klinke. Die Tür knarrte etwas und sie fürchtete schon, Immenhoff würde nach unten stürmen, um nachzusehen, aber dann hörte sie ihn summen. Keine Melodie, einfach Töne. Offensichtlich hatte er gute Laune und nichts gehört, das ihn misstrauisch stimmte. Wenn er nur wüsste …

Erleichtert schlich die Person in die Kammer und schloss die Tür. Im Raum war es stickig und heiß. Möglicherweise befand sich nebenan der Heizungskeller oder es liefen dort Rohre mit warmem Wasser entlang. Bei der Hitze konnte man ja kaum einen klaren Gedanken fassen. Die Person schob mit den behandschuhten Händen die Ärmel der Trainingsjacke und des Sweatshirts etwas höher. Nach einem kurzen Zögern riss sie sich die Wollmütze vom Kopf. Im Moment war sie unnötig, erst beim Verlassen der Villa war es wichtig, von niemandem erkannt zu werden, sollte zufällig jemand beobachten, wie sie das Haus verließ. Klar, würde der sich wundern, jemanden wegrennen zu sehen, der eine Mütze mit Sehschlitzen trug, und sicher die Polizei informieren, aber dann wäre sie bereits über alle Berge.

Jetzt hieß es warten. Alles läuft nach Plan, alles wird gut, rief sich die Person wieder und wieder ins Gedächtnis, während das Sweatshirt unter der Trainingsjacke immer mehr an ihrem Rücken klebte. Nach einiger Zeit fiel ihr das Stehen schwer. Aus Angst irgendwo gegenzustoßen, wagte sie jedoch nicht, sich zu bewegen. Weitere Minuten verstrichen. Sie überlegte, ob sie es riskieren sollte, die Taschenlampe kurz einzuschalten. Der Spalt zwischen Tür und Boden war klein und Immenhoff befand sich wahrscheinlich noch im Erdgeschoss oder in der oberen Etage. Zumindest hatte sie hier unten nichts gehört und sie hatte gute Ohren. Im Schein der Taschenlampe war ein recht stabil wirkender Putzeimer zu sehen.

Nachdem die Person ihn umgedreht und darauf Platz genommen hatte, knipste sie die Lampe wieder aus.

Sofern alles wie erwartet lief, würde Immenhoff in der Küche einen Happen zu sich nehmen, den Frau Hanussen heute Nachmittag für ihn zubereitet hatte. Jetzt dauerte es hoffentlich nicht mehr lange, bis er endlich nach unten kam. Bei dem Gedanken fasste die Person automatisch nach dem Messer. Nein, wenn eben möglich durfte es nicht zum Einsatz kommen. Besser war es, den Mord als tragischen Unfall, als Verkettung unglücklicher Umstände zu tarnen oder …

Laute Schritte platzten in diese Überlegung. Immenhoff stieg langsam die Treppe hinunter. Vielleicht war die Verletzung, die er sich auf dem Rohbau zugezogen hatte, noch nicht ausgeheilt und er musste auf den Stufen vorsichtig sein. Warum nur hatte es auf der Baustelle nicht geklappt, das Dreckstück für immer aus dem Verkehr zu ziehen? Dann wäre es jetzt nicht nötig, in einem Kabuff zu schwitzen und auf die zweite Chance zu warten. Während Immenhoff sich näherte, pochte das Blut in ihren Schläfen, die Hände wurden feucht, der Puls raste. Erst als sich die Geräusche endlich entfernten, atmete die Person auf. Eine Tür wurde geöffnet und wieder geschlossen. Immenhoff befand sich offensichtlich in einem anderen Kellerraum. Man durfte davon ausgehen, dass er ihn nicht mehr verlassen würde. Jedenfalls nicht lebendig.

Die Person schaltete die Taschenlampe ein und schaute auf die Uhr. Es wurde langsam Zeit. Das Kernstück ihres Plans konnte beginnen. Zur Sicherheit holte sie das Messer hervor und hielt es wie eine Art Schutzschild in der rechten Hand, mit der linken beleuchtete sie die Tür und verließ eilig das Versteck. Musik empfing sie: *Meditation* von Sigi Schwab. Diese Angewohnheit hatte Immenhoff schon einmal nicht geändert und das war gut so, kam ihrer Absicht entgegen. Auf leisen Sohlen schlich sie zur Tür, hinter der Immenhoff sich entspannte. Sie ging in die Hocke und spähte durch das

Schlüsselloch. Vor einer dunkelorange gestrichenen Wand mit mehreren aufgemalten dorischen Säulen befand sich ein ovales Wasserbecken. Davor stand unter einer Palme eine Liege. Immenhoff war nicht zu sehen. Genau wie sie es erwartet hatte. Jetzt kam es auf das richtige Timing an, ansonsten musste das Messer zum Einsatz kommen.

Die Person verstaute die Taschenlampe, die sie zum Glück nicht mehr brauchte, in ihrem Trainingsanzug. Sie atmete mehrmals tief durch und spannte die Muskeln an. Während sie auf Zehenspitzen den Raum betrat, liefen Bäche von Schweiß ihren Rücken hinunter. Möglicherweise schwitzte sie genauso wie Immenhoff, der hinter dicken Holzwänden verborgen in seiner Sauna saß. Die fernöstlich anmutenden Klänge mochten unter normalen Umständen beruhigend wirken, die Person jedoch empfand sie als störend. Ob der Mistkerl die Musik wohl auch innen hörte oder genoss er sie nur in den Ruhepausen? Nun, die Zeit des Genießens war für ihn sowieso vorbei. Die Person grinste kurz, wurde aber sofort wieder ernst. Mit der Linken fischte sie aus einem Jutebeutel, den sie sich umgehängt hatte, ein Seil heraus und ging in wenigen Schritten zur Sauna. Sie steckte den Griff des Messers zwischen die Zähne, sie musste die rechte Hand frei haben.

Jetzt hieß es, schnell handeln. Das Blut rauschte in ihren Ohren, ein Schwall Adrenalin durch ihre Adern und beschleunigte ihre Bewegungen. Im Nu war das Seil an den Türgriff gebunden. Sie hatte die Knoten zig Mal geübt, doch niemals hatten ihre Hände dabei derartig gezittert. Ihr Herz pochte, als sie mit dem Ende des Seils zu dem Handtuchhalter an der Seitenwand der Sauna lief. Plötzlich hörte sie etwas aus dem Inneren. Hilfe, das durfte nicht Immenhoff sein, der sich anschickte, seinen ersten Saunagang zu beenden. Sie brauchte noch ein paar Sekunden. Der Angstschweiß brach ihr aus allen Poren und sie zitterte am ganzen Körper. Reiß dich zusammen, ermahnte sie sich, vielleicht gönnt sich Immenhoff nur einen neuen Aufguss. Hastig zog sie das Seil straff, wickelte es mehrmals um die Metallstange und verknotete es. Als sie fertig war, atmete sie die Luft aus, die sie unwillkürlich angehalten hatte. Sie triumphierte innerlich.

Es hatte geklappt. Der Plan war tatsächlich aufgegangen. Nichts konnte mehr passieren. Immenhoff saß in der Falle. Jetzt galt es nur noch zu warten, bis er zusammenbrach und schließlich verendete. Etwas Besseres, als elendig zu verenden, hatte er wahrlich nicht verdient. Die Person hatte sich vorher informiert und wusste, dass sie nicht stundenlang abwarten musste, um das Seil wieder lösen und ihre Spuren verwischen zu können.

Die Person sah sich in dem Raum um. Sollte sie sich wirklich auf der Liege unter der künstlichen Palme platzieren? Nein, so abgebrüht war sie nicht. Ihre Nerven fühlten sich immer noch an, als stünden sie kurz vor dem Zerreißen. Das Warten würde nicht einfach werden. Am besten beschleunigte sie die Sache. Leise, obwohl das in dieser Situation eigentlich nicht mehr nötig war, schlich sie zu dem Thermostat und drehte den Temperaturregler bis zum Anschlag hoch. Als hätte Immenhoff es bemerkt, gab es im Inneren der Sauna plötzlich Geräusche. Zwei Sekunden später war er an der Tür und stieß dagegen. Die Gestalt konnte ihn durch das Fenster mit aller Kraft drücken sehen und das Erstaunen in seinem Gesicht genießen. Mit einem Mal polterte er gegen das Holz und fluchte. Das stabile Seil gab wenige Millimeter nach, aber das reichte nicht einmal, um etwas kalte, frische Luft zu bekommen, geschweige denn ihn hinauszulassen.

Immenhoff fluchte erneut. Er schien eher zornig als panisch zu sein. Anscheinend hatte er die Tragweite seiner Situation gar nicht begriffen. Hielt er das Ganze etwa für einen schlechten Scherz? Oder wollte er sich einfach nicht vorstellen, was nun mit ihm passierte? Doch Immenhoffs Stimmung änderte sich plötzlich, aus dem wütenden Geschrei wurde ein ängstliches Flehen. Dazwischen rief er laut um Hilfe. Trotz aller Wut auf den Dreckskerl zerrte das Wimmern und Schreien an den Nerven, und die Person hoffte inständig, er würde bald für immer verstummen.

Plötzlich erregte etwas anderes ihre Aufmerksamkeit. Ein fremdes Geräusch außerhalb des Kellers. Es kam aus dem Treppenhaus. Erst nur leise, dann wurde es lauter.

»Hilfe! Hilfe! Hilfe!«, schwoll Immenhoffs Geschrei wieder an, als hätte er es auch vernommen, was allerdings schier unmöglich war.

Das Herz der Person schien für einen Schlag auszusetzen, das Blut schoss nur so durch ihre Adern, ihre Gedanken rotierten wie wild. Sie musste einen Ausweg finden, schnell. Immenhoff schrie weiter. Dazwischen registrierte sie nun ganz deutlich Schritte auf der Kellertreppe. Sie suchte nach einem Versteck. Die Liege, die kleine Palme, ein Schränkchen, ein Teewagen. Sie fand nichts, was ihren Körper hätte verbergen können. Sie musste sofort hier raus. Mit weichen Knien huschte sie hinter die Tür, die kurz danach aufgerissen wurde.

»Hilfe!«, rief Immenhoff mit langsam versagender Stimme. »Hilfe!« Dazu hämmerte er in letzter Verzweiflung gegen das Holz.

Die Person sah, dass ein Mann den Saunaraum betrat. In der Mitte blieb er stehen. Bevor er sie entdecken konnte, lief sie um die Tür herum und rannte los. Sie stürmte die Treppen hinauf. In der Diele stolperte sie über einen dicken Teppich, rappelte sich eilig hoch und lief weiter. Der Mann würde sich sicher erst um Immenhoff kümmern und sie zunächst nicht verfolgen. Dabei wusste die Person nicht einmal, ob sie sich das wirklich wünschen sollte. Gut, sie würde unerkannt entkommen wie auf der Baustelle und in der Nacht in seiner Villa. Allerdings wäre damit auch der dritte Versuch, den Dreckskerl umzubringen, gescheitert. Sie wollte nicht weiter darüber nachdenken, zuerst musste sie hier raus.

Mit zitternder Hand riss sie die Haustür auf und stürmte hinaus. Keuchend lief sie die hell erleuchtete Auffahrt in Richtung Straße.

Auf der Hälfte drehte sich die Person noch einmal um. Das Blut schien in ihren Adern zu gefrieren. Der Mann, der in den Keller gekommen war, stand im Eingang zur Villa und sah zu ihr hinüber. Sie kannte ihn nicht, aber möglicherweise kannte er sie. War er ihr schon auf der Insel begegnet? Scheiße, warum hatte sie nur die Maske vergessen? Für einige Sekunden drohte der Schock, sie zu lähmen, dann rannte sie los, als hinge ihr Leben davon ab.

23

Pielkötter hatte sich gerade für die Nacht zurechtgemacht, da klingelte sein Handy. Marianne rief an. Neugierig nahm er das Gespräch an.

»Hallo Willibald, ich weiß, dass es schon recht spät ist, aber ich muss unbedingt mit dir reden«, sprudelte sie sofort los. »Ich hatte bis eben Besuch von Jan Hendrik und seinem neuen Freund und bin völlig durcheinander.«

Pielkötter konnte sich zunächst keinen Reim darauf machen. Schließlich hatte seine Frau im Gegensatz zu ihm die Homosexualität ihres gemeinsamen Sohnes ohne zu zögern akzeptiert, während er dafür eine Weile gebraucht hatte. »Wieso wühlt dich das auf?«, fragte er irritiert. »Ich hätte eher erwartet, dass du dich freust, wenn Jan Hendrik wieder einen neuen Partner findet, nachdem er Sebastian auf so grausame Weise und völlig unvorbereitet verloren hat.«

»Willibald, du kennst mich. Ich wäre die letzte Mutter, die Jan Hendrik keinen neuen Partner gönnt. Und ich habe mich so gefreut, als er ein gemeinsames Treffen mit seinem neuen Freund vorgeschlagen hat, aber jetzt ...« Sie stockte, schien nach den richtigen Worten zu suchen. »Also, dieser Ricardo ist wirklich eine Zumutung.«

»Wieso?« Pielkötters Neugierde wuchs.

»Ich weiß gar nicht, wo ich anfangen soll. Natürlich kann der erste Eindruck täuschen, aber ehrlich gesagt hat der sich von Sekunde zu Sekunde bestätigt.«

»Was genau stört dich denn an ihm?«, fragte Pielkötter nach.

»Nun ja«, seufzte sie, »am besten erzähle ich dir alles der Reihe nach. Die beiden haben mich eingeladen, also, Jan Hendrik hat gleich erklärt, dass die Einladung auch von Ricardo käme. In so ein schickes Restaurant mit Blick auf den Rhein. Das Lokal war wirklich sehr gut, aber eigentlich war es mir völlig egal, wo ich die beiden treffen würde. Ich war einfach nur glücklich, dass Jan Hendrik sich wieder verliebt hat, nachdem er den Mord an Sebastian verkraften musste.«

»Aber inzwischen bist du das nicht mehr«, entgegnete Pielkötter, als sie plötzlich schwieg.

»Nein, nicht nachdem ich Ricardo näher kennengelernt habe. Natürlich soll man nicht nach dem Aussehen urteilen, und du kennst mich ja, ich bin wirklich tolerant, aber dieser Mann war mir vom ersten Augenblick an so unglaublich unsympathisch. Dieses selbstgefällige Lächeln, der lauernde, vielleicht auch taxierende Blick, diese ganze überhebliche Art.« Marianne holte tief Luft. »Willibald, ich weiß, dass ich dir das ganz schlecht beschreiben kann, aber ich bin sicher, dass dir der Mann mit dieser dicken Goldkette um den Hals, tonnenweise Pomade in den schütteren Haaren und dieser süffisanten Art einfach nur zuwider gewesen wäre. In dieser Situation habe ich mir wirklich gewünscht, dich an meiner Seite zu haben.«

Pielkötter musste unwillkürlich schmunzeln. Die letzte Äußerung gefiel ihm außerordentlich gut.

»Wie kann sich Jan Hendrik nur auf solch einen Typen einlassen?«, fuhr sie aufgeregt fort. »Der ist doch das genaue Gegenteil von Sebastian.«

»Eben!«

»Was heißt das? Ich wollte dich um deine Meinung fragen und du sagst einfach nur *eben*.«

»Aber das trifft es doch«, erklärte Pielkötter nun selbst ziemlich erregt. »Unser Sohn kann sich zu dem jetzigen Zeitpunkt noch nicht auf jemanden einlassen, der seinem ermordeten Lebensgefährten ähnlich ist. Das täte einfach viel zu weh. Vielleicht würde er es auch als Verrat an Sebastian ansehen, wenn er ... Auf jeden

Fall will er vermeiden, dass ihm noch einmal etwas so weh tun kann wie der Tod seines Liebsten. Wenn es mit Mister Goldkettchen zu Ende geht, wird es jedenfalls kein Drama für ihn sein.«

Es blieb eine Weile still in der Leitung, dann rief sie: »Aber natürlich! Du hast Recht! Das muss es sein. Willibald, ich hätte nie gedacht, dass du dich in das Gefühlsleben unseres Sohnes so hineinversetzen kannst. Und ich bin davon überzeugt, dass du mit deiner Einschätzung genau richtig liegst. Vor allem bin ich sehr froh, dass ich dich heute Abend noch angerufen habe.«

Hört sich gut an, dachte Pielkötter. So viel Lob von seiner Frau war er eigentlich nicht gewohnt.

»Aber jetzt lasse ich dich lieber schlafen. Morgen hast du bestimmt schon recht früh die erste Anwendung.«

»Egal, es hat mich sehr gefreut, dass du angerufen hast. Und noch mehr freue ich mich auf deinen Besuch. Es dauert ja nicht mehr lange.«

Marianne gab einen Laut von sich, als unterdrücke sie ein Lachen. Pielkötter sah ihr Gesicht vor sich und er musste schmunzeln.

»Du hast mir noch gar nichts von dem Makler erzählt, den du aufsuchen wolltest«, fuhr sie fort. »Oder hattest du noch keine Zeit, dich um die Angebote zu kümmern.«

»Doch, aber die Preise sind im Moment einfach zu hoch. Sobald du hier bist, kannst du dich davon selbst überzeugen.«

»Schade.« Ihre Stimme klang enttäuscht.

»Das heißt ja nicht, dass wir auf Norderney keinen Urlaub mehr machen können. Für die Kosten, um ein Appartement zu unterhalten, sind einige Wochen Inselurlaub drin.«

»Darauf komme ich zurück«, erklärte sie vergnügt. »Verlass dich drauf.«

24

Die Person hatte fast ihr Zuhause erreicht, da blieb sie plötzlich stehen. Obwohl sie recht gut in Form war, hatte sie zwischendurch immer wieder anhalten müssen, dieses schnelle Rennen war nun einmal etwas ganz anderes als normales Joggen. Diese Pause jedoch diente nicht dem Verschnaufen. Sie wollte nachdenken, nicht einfach weiterlaufen, sich in die eigenen vier Wände flüchten. Das hätte bedeutet, den Kopf in den Sand zu stecken. Nein, so war sie nicht, sie würde nicht ins traute Heim eilen und sich selbst bedauern, dass alles so völlig aus dem Ruder gelaufen war. Nein, sie würde sich nicht die Bettdecke über den Kopf ziehen und abwarten, was nun passierte. Sie musste nachdenken, um zu handeln, und zwar schnell. Zweifellos hatte dieser Mann, der ihr in die Quere gekommen war, sie gesehen, vielleicht auch erkannt, obwohl das reine Spekulation war. Trotzdem würde er der Polizei später eine brauchbare Täterbeschreibung liefern können. Spätestens dann war sie im Visier der Ermittler. Das durfte unter keinen Umständen passieren. Dann such endlich nach einer Lösung, schalt sie sich.

Seufzend drehte sich die Person um und schaute mit zusammengekniffenen Augen den Weg zurück, den sie gekommen war. Sie hatte sehr unüberlegt gehandelt. Flucht war keine Option, sie musste genau wissen, was jetzt passierte, um auf alles vorbereitet zu sein. Ihr Entschluss war gefasst. Eilig hastete sie in die entgegengesetzte Richtung. Dabei rechnete sie jeden Moment mit der heulenden Sirene eines Polizeiwagens. Mord oder Mordversuch, hämmerte es hinter ihrer schweißnassen Stirn. Hatte der Mann Mario Immenhoff retten können oder ihn tot gefunden? Eigentlich ging sie davon aus, dass Immenhoff lebte. Schließlich hatte er noch geschrien, als der Mann im Keller aufgetaucht war. Oder bildete sie sich das jetzt ein? Es war einfach so schnell gegangen, die Ereignisse hatten sich überschlagen, und statt einen klaren Gedanken zu fassen, war sie weggelaufen.

Je näher die Person nun Immenhoffs Villa kam, desto mehr verlangsamte sie ihren Schritt. Dabei sah sie sich immer wieder um, als ob die Gefahr von hinten drohte. Niemand war auf der Straße zu sehen, alles blieb still, keine Polizeisirene, kein Heulen des Krankenwagens. Die Person schüttelte unwillkürlich den Kopf. Was hatte das zu bedeuten? War Immenhoff doch im richtigen Moment verstummt und der Eindringling hatte ihn nicht entdeckt? Plötzlich kam ihr die Wollmütze mit den Sehschlitzen in den Sinn, die sie in dem kleinen Vorratsraum vergessen hatte. Konnte sie es wagen, den verräterischen Gegenstand voller DNA-Spuren jetzt zu holen?

Sie hatte das Domizil des Immobilienmaklers erreicht und versteckte sich auf der gegenüberliegenden Straßenseite. Hinter einem breiten Lorbeerbusch schaute sie angestrengt zu Immenhoffs Villa hinüber. Das Haus wirkte dunkel und verlassen oder so, als ob die Bewohner schliefen. Die Person wollte sich gerade erheben, um zu dem Grundstück hinüberzuschleichen, da hörte sie ein leises Geräusch. Im nächsten Moment, sah sie diesen Mann, der ihr äußerst gefährlich werden konnte. Adrenalin durchflutete ihre Adern, ihre Hände wurden feucht. Er kam die Auffahrt entlang, wobei er sich wachsam mehrmals nach allen Seiten umsah.

Was sollte sie davon halten? Hatte er Immenhoff nicht entdeckt? Handelte es sich gar um einen Einbrecher, der selbst nicht gesehen werden wollte? Oder hatte der Mann etwas ganz anderes vor? Plötzlich rauschte das Blut noch schneller durch ihre Adern. Hatte er etwa nicht die Polizei gerufen, weil er vorhatte, sie zu erpressen? Sie musste ihm folgen. Wissen, wo er wohnte, oder ihn in dieser Nacht zum Schweigen bringen.

Inzwischen hatte der Mann das Grundstück verlassen und die Straße erreicht. Er drehte sich schon wieder auffällig oft nach allen Seiten um. Wie ein gewöhnlicher Einbrecher wirkte er jedoch nicht. Als er in der Dunkelheit kaum mehr zu sehen war, kam die Person hinter dem Busch hervor und folgte ihm.

25

Jessika Jansen lächelte fast ununterbrochen vor sich hin. Böswillige Menschen hätten sie vielleicht als impertinent grinsend beschrieben. Wäre ihre Stimme einigermaßen passabel, hätte sie bestimmt vor sich hin gesungen, aber ihr fiel es schwer, die richtigen Töne zu treffen. Früher hatte sie eine Zeit lang Gitarre gespielt und ihre Mutter hatte gemeint, dass es völlig in Ordnung sei, in ihrer Gegenwart zu üben, nur dazu singen solle sie bitte nur hinter verschlossener Tür. Wahrscheinlich hatte sie es etwas drastischer ausgedrückt und das Bitte existierte nur in Jessikas Fantasie, dieser Gedanke war ihr im Moment allerdings vollkommen egal. Sie fühlte sich dem Ziel ihrer Wünsche ganz nah, schwebte im Himmel auf dieser Wolke, die ausschließlich für glücklich Verliebte reserviert war. Außerdem war sie davon überzeugt, diesen Platz mit Blick von oben nicht so schnell verlassen zu müssen.

Mario hatte ihr bei ihrem letzten Treffen einen Schlüssel zu seiner Villa überlassen. Jessika konnte sich nicht vorstellen, dass er ihre zahlreichen Vorgängerinnen auch dadurch ausgezeichnet hatte, zumindest nicht nach so kurzer Zeit. Wahrscheinlich hatte es ihn genauso unerwartet und heftig erwischt wie sie. Und sie würde alles daransetzen, nicht dieselben Fehler zu begehen wie seine Verflossenen. Nein, sie wollte nicht eifersüchtig reagieren, wenn er zu einem Geschäftsessen musste oder einen harmlosen Flirt mit einer potenziellen Kundin anfing, um sie für den Erwerb einer teuren Immobilie gnädig zu stimmen. Im Gegensatz zu den dummen Gänsen hatte sie vollstes Verständnis für seine Situation.

Während sie die letzten Meter zu seiner Villa zurücklegte, suchte ihre Hand in der monströsen lindgrünen Umhängetasche nach dem Smartphone. Warum konnte sie es sich bloß nicht angewöhnen, es einfach in einem bestimmten Seitenfach zu deponieren? Ordnung gehörte leider nicht zu ihrer Kernkompetenz. Als sie es endlich unter der Geldbörse und einem Schminktäschchen gefunden hatte, seufzte sie laut. Nachdenklich strich sie das lange schwarze Haar nach hinten. Am besten rief sie noch einmal kurz an, bevor sie seine Villa betrat. Jessika war eine Viertelstunde zu früh und sie verspürte plötzlich leichte Skrupel. Sie waren ja nicht miteinander vertraut wie ein langjähriges Paar. Wenn Mario nun mit irgendetwas beschäftigt war, bei dem er nicht gestört werden wollte? Als sie sich den Geliebten in unterschiedlichsten Situationen vorstellte, kicherte sie vor sich hin.

Schließlich wählte sie seine Handynummer. Zu ihrem Erstaunen meldete er sich nicht. Normalerweise war Mario immer erreichbar und wenn er gerade auf einer anderen Leitung telefonierte, bat er den Gesprächspartner, kurz zu warten. Nun ja, vielleicht saß er auf dem Klo und hatte sein Handy nicht griffbereit. Selbst so tolle Männer wie er mussten zuweilen ganz profane Geschäfte verrichten. Sie kicherte erneut.

Unschlüssig trippelte sie vor der Tür auf ihren nagelneuen hochhackigen knallroten Sandaletten hin und her. Schließlich setzte sie sich auf die Bank neben dem Eingang. Dort fiel ihr die erste Begegnung mit ihrem Liebsten wieder ein. Sie sah alles vor sich, als spiele sich die Szene in der Gegenwart und nicht in der Vergangenheit ab. Sie hatte mit einem Getränk von der Milchbar in der Hand an der Promenade gestanden. Der legendäre weiße Pavillon mit den Säulen war hoffnungslos überfüllt gewesen, so dass sie dort keinen Platz bekommen hatte. Plötzlich hatte sich jemand genau vor sie gestellt und ihr den Blick auf den Strand und das Meer versperrt. Noch ehe sie wütend reagieren konnte, hatte der aufdringliche Mensch zu sprechen begonnen.

»Ich bin Mario«, hatte er einfach so mit tiefer männlicher Stimme gesagt, als erkläre das alles. »Mario Immenhoff.« Anschließend war er etwas zurückgetreten, hatte gelacht und dabei seine strahlend weißen Zähne gezeigt.

Natürlich hatte sie seinen Namen nicht zum ersten Mal gehört, hatte damit jedoch keine konkreten Geschichten oder gar Fakten verbinden können.

»Bitte geben Sie mir keinen Korb und feiern Sie den heutigen Abend mit mir!« Er hatte sie mit seinen großen stahlblauen Augen förmlich angefleht.

»Was feiern Sie denn?«, hatte sie ihn gefragt. »Haben Sie etwa im Lotto gewonnen?«

»So was Ähnliches. Mein Anwalt hat einen exzellenten Gutachter engagiert, und ich bin sicher, der wird mir helfen, einen wichtigen Prozess zu gewinnen. Und das Urteil ist mit Sicherheit genauso viel wert wie ein ansehnlicher Lottogewinn.«

»Bei so viel Glück würden Sie meinen Korb heute sicher ganz gut verkraften«, hatte sie amüsiert erklärt.

»Ungern, sehr ungern. Deshalb lade ich Sie jetzt einfach zu einer Flasche Champagner ein, ob Sie wollen oder nicht. Ich dulde einfach keinen Widerspruch.« Er lachte erneut.

Seine Zielstrebigkeit hatte ihr gefallen. Vielleicht war sie deshalb noch in jener Nacht mit zu ihm in seine Villa gegangen und gegen Morgen in seinem Bett gelandet. Dabei hielt sie nichts von One-Night-Stands. Andererseits ging sie davon aus, dass dieser Traumprinz schon bald kein Interesse mehr an ihr haben würde.

Seit ihrer ersten Begegnung hatten sie sich beinahe jeden Tag gesehen oder zumindest telefoniert und waren sehr vertraut miteinander geworden. Nun, da stand es ihr wohl zu, früher als verabredet zu erscheinen, auch wenn er das nicht mochte. Zumindest hatte er das einmal ganz nebenbei erwähnt. Unschlüssig starrte sie weiter auf den Schlüssel in ihrer rechten Hand und drehte an dem Anhänger mit dem Logo seiner Immobilienfirma, dann gab sie sich einen Ruck, stand auf und öffnete die Tür. Sie war nicht abgeschlossen, also war er doch zu Hause, merkwürdig.

»Mario!«, rief sie, noch ehe sie einen Fuß in die Villa gesetzt hatte. »Mario, ich bin es, Jessika. Ich komme jetzt rein, falls du nichts dagegen hast.«

Niemand rührte sich. Alles blieb still. Jessika fühlte sich äußerst unwohl. Sie lief durch die riesige Diele an dem offenen Küchenbereich mit dem monströsen Kochblock in der Mitte vorbei zum Wohnbereich, dessen Außenwand nur aus Glas bestand, so dass man eine wunderbare Sicht auf den Garten hatte. Er suchte auf der Insel seinesgleichen und besaß trotz des nahen Meeres einen geschwungenen Pool, über den eine kleine Brücke verlief, aber dafür hatte sie heute keinen Blick.

»Mario?«, rief sie erneut, wobei das eher nach einer bangen Frage klang. »Bist du im Haus?«

Sie strich über das sandfarbene Ledersofa, auf dem sie wenige Tage zuvor noch gesessen hatte, um mit ihm zu feiern. Mario hatte den Prozess tatsächlich gewonnen, genau wie er an ihrem ersten gemeinsamen Abend vorausgesagt hatte. Und eine Revision wurde nicht zugelassen. Du liebe Güte, war er happy gewesen. Er war mit ihr durch die Wohnung getanzt und hatte sie anschließend trotz ihres Protestes nach oben getragen. Dabei wog sie für solch eine Aktion wirklich zu viel. Gut, sie besaß eine schlanke Figur, aber bei einer Größe von fast einen Meter achtzig kamen doch etliche Kilos zusammen.

Was sollte sie nur tun? Das ganze Haus absuchen oder einfach verschwinden? Nein, fortgehen kam nicht infrage. Schließlich waren sie verabredet. Und zwar in genau – sie schaute auf ihre Armbanduhr – neun Minuten. Vielleicht hatte Mario einen Geschäftstermin und rief jetzt nicht an, weil er davon ausging, noch pünktlich zu sein.

Seufzend ließ sie sich auf den ledernen Zweisitzer sinken. Sie hatte soeben beschlossen, einfach zu warten. Während die Finger ihrer rechten Hand mit den Fransen eines knallroten Sofakissens spielten, sah sie sich in dem großen Wohnbereich um. Zum ersten Mal nahm sie das ganze durchgestylte Ambiente richtig wahr. Mit Mario zusammen war sie meist zu abgelenkt. Alle Gegenstände wirkten, als seien sie extra für diesen Raum gemacht, die hüfthohen Steinvasen mit Bambusstäben und Palmwedeln neben der Anrichte, der dezent gemusterte Seidenläufer vor dem Kamin ... Ob Mario die Anregungen dafür wohl einer Zeitschrift für stilvolles Wohnen entnommen hatte? Vielleicht hatte er auch einen guten Innenarchitekten engagiert oder er selbst war einfach ein Naturtalent, was die dekorative Verschönerung eines Hauses anging. Nun, er hatte viele Talente und eines davon wusste sie ganz besonders zu schätzen. Im Bett hatte sie jedenfalls bisher kein Mann so glücklich gemacht wie er. Sie schmunzelte, wurde aber sofort wieder ernst. Ein weiterer Blick auf die Uhr zeigte ihr, dass Mario inzwischen überfällig war. Sie wählte noch einmal seine Handynummer, doch wie sie es befürchtet hatte, meldete er sich nicht. Erneut geisterten etliche Szenarien durch ihren Kopf, warum er momentan unerreichbar für sie war.

Plötzlich sprang Jessika von dem Sofa hoch. Es war doch albern, hier zu sitzen und Mario anzurufen. Er musste einfach im Haus sein, sonst hätte er doch die Tür abgeschlossen. Vielleicht lag er oben in seinem Bett und hatte Kopfhörer auf. Döste vor sich hin bei Entspannungsmusik oder war ganz eingeschlafen. Der Gedanke gefiel ihr und sie beeilte sich, die breiten Marmorstufen in die erste Etage hinaufzusteigen.

»Mario!«, rief sie. »Spielst du etwa ein Spiel mit mir, so wie neulich am Strand? Wartest du etwa im Schlafzimmer auf mich oder im Whirlpool?«

Zuerst steuerte sie auf den Schlafraum zu. Das französische Doppelbett, in dem sie sich vorgestern leidenschaftlich geliebt hatten, war gemacht. Eine lindgrüne Stoffhose und ein gelbes Poloshirt mit dem Logo von Boss hingen über dem Schaukelstuhl vor dem Fenster. Seltsam, bisher hatte sie niemals Kleidung darauf liegen gesehen, zumindest nicht beim Betreten des Zimmers. Hatte sich Mario etwa hier entkleidet, um in den Whirlpool zu steigen? Das Bad befand sich gleich nebenan und sie beeilte sich, dort nachzusehen. Vergebens.

Suchend sah Jessika sich um, als würde es irgendeinen wichtigen Hinweis geben, der ihr Marios Aufenthaltsort verraten könnte. Noch wollte sie nicht ausschließen, das Ganze sei ein Spiel, wenn auch nicht gerade zum Spaß aller Teilnehmer. Plötzlich fiel ihr auf, dass sein Bademantel fehlte. Der hing immer an einem Haken neben dem Whirlpool. Weiß, und in Rot seltsamerweise das Firmenlogo auf der linken Brustseite. Sie starrte grübelnd vor sich hin. Entweder hatte ihr Geliebter ihn übergezogen und er befand sich somit eindeutig im Haus oder der Frotteemantel war schmutzig. Neugierig hob sie den Deckel des Wäschekorbes hoch, doch darin lagen lediglich ein paar Slips und Handtücher.

Jetzt fiel ihr nur noch die Sauna ein, wo Mario stecken konnte. Hatte er das Treffen mit ihr etwa im wahrsten Sinne des Wortes verschwitzt? Jessika beeilte sich, die Stufen hinunterzulaufen. An der Kellertür blieb sie stehen. Unten brannte Licht. Sie hatte es doch gewusst. Ihre Gefühle schwankten zwischen Ärger und Erleichterung, während sie hinunterlief. Sie kannte sich hier aus, weil Mario ihr einmal den neu gestalteten Bereich mit Sonnenschirm und Liegestuhl in seinem Karibikkeller, wie er ihn nannte, gezeigt hatte. Auch hier war die Beleuchtung eingeschaltet. Außerdem leuchtete die kleine Lampe an der Sauna. Sie war also in Betrieb. Der Bademantel hing an einem Haken.

Jessika überlegte nicht lange und zog sich aus. Nackt schlich sie zur Tür. Sie wollte Mario überraschen. Mit einem Ruck zog Jessika sie auf. Warme Luft mit einem ihr nicht bekannten Geruch strömte ihr entgegen. Ihr Blick glitt über beide leere Liegen an der Wand.

Dann fiel er nach unten. Sie erstarrte. Mario lag zu ihren Füßen. Aus toten Augen sah er sie an. Die nächsten Sekunden erlebte sie wie in einem Taumel. Schließlich brachte ihr eigenes Geschrei sie wieder zu klarem Bewusstsein. Sie fühlte seinen Puls. Nichts! In wilder Verzweiflung warf sie ihren Kopf auf seine Brust. Nichts! Da schlug kein Herz mehr. Tränen kullerten ihre Wangen hinunter. Halb blind wankte sie die Treppe hinauf, wühlte in ihrer Tasche nach dem Smartphone und wählte die Nummer der Polizei.

26

Angespannt betätigte Polizeiobermeister Arne Dirksen von der Norderneyer Polizeistation die Klingel der Villa von Mario Immenhoff. Neben ihm standen sein Vorgesetzter Polizeihauptwachtmeister Klaas Lübben und der Arzt Hermann Kinkel, mit dem sie auf dem Gehsteig vor dem Grundstück zusammengetroffen waren. Was sie wohl innen erwarten würde? Seit sie den verwirrenden Anruf von Jessika Jansen erhalten hatten, waren kaum zehn Minuten vergangen. Offensichtlich war die junge Frau total durch den Wind, weil sie glaubte, ihr Freund läge tot in der Sauna. Nun, das musste nicht unbedingt stimmen. Erstens kannten Laien die untrüglichen Merkmale oft nicht, an denen der Tod zweifelsfrei festgestellt werden konnte, und zweitens waren Panik und Verzweiflung beim Anblick eines geliebten und für tot gehaltenen Menschen nun einmal keine guten Berater.

Plötzlich wurde die Tür aufgerissen und Jessika Jansen erschien im Rahmen. Ihr Gesicht war bleich und ihre Haut kontrastierte mit roten verheulten Augen. Dirksen tat die Frau ungeheuer leid, auch wenn er nicht wusste, ob ihre Vermutung stimmte.

»Wo liegt er?«, hielt sich Kinkel nicht lange mit einer Begrüßung auf, was durchaus verständlich war. Schließlich bestand der Verdacht, dass Immenhoff dringend ärztliche Hilfe benötigte.

»Unten, im Keller.«

»Schnell. Zeigen Sie mir den Weg.«

Jessika Jansen stutzte zuerst, dann rannte sie los. Kinkel spurtete hinter ihr her, wobei die Arzttasche an seiner Hand hin und her schlenkerte. Dirksen und Lübben folgten den beiden die Stufen hinunter. Als sie die Sauna erreichten, kniete Kinkel schon neben Immenhoff. Er war eindeutig tot. Daran gab es keinen Zweifel. Der Arzt fühlte zwar noch den Puls und leuchtete in die Pupillen, aber das war reine Routine. Immenhoff lag halb auf der Seite. Als Kinkel ihn etwas drehte, kamen Leichenflecken zum Vorschein.

»Was ist das denn?«, schrie Jessika Jansen.

»Sie setzen sich jetzt am besten ins Wohnzimmer, während wir uns um Ihren Freund kümmern«, schlug Lübben vor. Eigentlich klang es eher nach einem Befehl. »Mein Mitarbeiter begleitet Sie und ruft jemanden aus Ihrer Familie an, der Sie nach Hause bringt und bei Ihnen bleibt. Ich nehme an, Sie haben eine eigene Wohnung und leben nicht hier in der Villa?« Wahrscheinlich wusste er das genau, denn auf Norderney kannte fast jeder jeden, doch manchmal änderte sich etwas in den Lebensumständen und man bekam das erst ein wenig später mit.

»Nein, ich wohne in der Luisenstraße und meine Eltern auf der Viktoriastraße.«

»Dirksen, Sie nehmen dann bitte die wichtigen Daten auf und bringen die junge Dame anschließend zu ihren Eltern.«

Arne Dirksen verdrehte unwillkürlich die Augen. Selbstverständlich tat ihm Jessika Jansen leid und sie brauchte Hilfe, nur dass er sich von einem möglichen Tatort entfernen sollte, passte ihm nicht. Er schielte noch einmal zu seinem Vorgesetzten hinüber, doch der Blick von Lübben signalisierte ihm: Ich dulde keinen Widerspruch. Unwillig führte Dirksen Jessika nach oben, aber dann kam ihm eine Idee.

»Was halten Sie davon, wenn wir Ihren Vater und Ihre Mutter anrufen? Während wir im Wohnzimmer warten, bis Ihre Familie Sie abholen kommt, stelle ich Ihnen ein paar Fragen.« Auf jeden Fall sparte das Zeit und er konnte schneller wieder das Geschehen im Keller verfolgen.

Jessika Jansen nickte, dann zog sie brav ihr Smartphone hervor. Sie wählte zwar, aber Dirksen war sicher, dass der Gesprächspartner nicht eine Silbe verstehen würde. Was sie sagte, würde in dem Schluchzen untergehen.

»Darf ich?« Dirksen nahm ihr das Handy aus der Hand und erklärte ihrem Vater in knappen Worten die Situation. Herbert Jansen versprach, so schnell wie möglich vorbeizukommen. Dirksen zückte einen Block, an dessen Seite ein Kugelschreiber befestigt war. »Es tut mir leid, dass ich Sie jetzt mit meinen Fragen belästigen muss, aber vielleicht hilft es Ihnen ja etwas, wenn es um nüchterne Fakten geht.«

Sie nickte erschöpft.

»Wann haben Sie Mario Immenhoff zum letzten Mal lebend gesehen?«, begann Dirksen die Befragung.

»Gestern am späten Nachmittag«, antwortete sie und tupfte sich mit einem Taschentuch über die Augen. »Wir waren bei Gosch und haben dort zuerst einen Cappuccino, dann einen Wein getrunken. Mario steht nicht so auf Gosch, aber ich gehe dort gerne hin. Und gestern hatten wir ja auch wenig Zeit.«

»Sie hatten also noch etwas anderes vor?«

»Ja. der Mario zumindest. Ich hätte gerne auch abends noch etwas mit ihm unternommen, aber er hatte keine Zeit für mich. Er wollte zu Hause arbeiten. Irgendeine Beschwerde bei einem Bauvorhaben auf dem Festland, das er betreut. Er war auch nicht so gut drauf, war gestürzt und hatte sich ganz übel den Fuß verstaucht.«

»Und wann haben Sie sich dann getrennt?«

»So gegen sieben. Vielleicht schon halb acht. Wenn ich doch bloß ...« Die letzten Worte gingen in einem kleinen Weinkrampf unter. Dirksen wollte ihr ungeschickt seinen Arm um die Schulter legen, aber das ließ ihre Tränen nur stärker fließen.

»Haben Sie danach vielleicht noch einmal mit ihm telefoniert?«, wurde er wieder sachlich und tatsächlich beruhigte sie sich.

»Nein, warum auch? Wir hatten uns ja für heute verabredet.«

»Hier in seiner Villa?«

Sie nickte. »Ich besitze ja einen Schlüssel, und als er nicht geöffnet hat, bin ich einfach rein. Erst habe ich hier gewartet, aber dann habe ich Mario überall im Haus gesucht. Er musste ja hier sein. Die Tür war nur zugezogen. Wenn er weggeht, schließt er mehrmals ab.«

»Sie waren hier oben also in allen Räumen, bevor sie in den Keller gegangen sind«, stellte Dirksen fest. »Ist Ihnen irgendetwas dabei aufgefallen? Haben Sie vielleicht Einbruchspuren entdeckt?«

»Welche Einbruchspuren?« Jessika Jansen sah ihn völlig entgeistert an, dann stieß sie einen kleinen Schrei aus und hielt sich die Hand vor den Mund. »Was meinen Sie damit? Sie glauben doch wohl nicht ... ? Das hieße ja ...«

»Nein, beruhigen Sie sich bitte. Ich glaube überhaupt nichts.« Wie drückte er das jetzt am besten aus, ohne sie noch weiter zu erschrecken. »Nur, wenn Ihnen was aufgefallen wäre, müssten wir das natürlich wissen.«

»Nein, hier oben war alles in Ordnung. Soweit ich mich erinnere, waren alle Fenster geschlossen.«

»Und Sie haben, während Sie gewartet haben, auch keins geöffnet?« Apropos Warten, es wurde langsam Zeit, dass Herr Jansen auftauchte und er sich endlich wieder zu Lübben und Kinkel gesellen konnte.

»Nein, aber wie es in den Kellerräumen aussieht, weiß ich nicht. Unten bin ich ja ziemlich schnell zur Sauna und dann ...« Ihre Augen füllten sich erneut mit Tränen.

Die Türglocke ertönte und Dirksen stand erleichtert auf, um zu öffnen. In diesem Moment kam Kinkel aus dem Keller.

»Guten Abend«, begrüßte er Jessikas Vater. »Ich werde mich gleich verabschieden, doch nicht, ohne Ihre Tochter gefragt zu haben, ob sie ein Beruhigungsmittel möchte.«

Anscheinend waren dem Arzt die verwandtschaftlichen Verhältnisse bekannt. Er wollte gerade ins Wohnzimmer gehen, da lief ihm Jessika Jansen entgegen.

»Nein, kein Beruhigungsmittel. Davon wird Mario auch nicht wieder lebendig.«

»Ansonsten haben wir bestimmt auch noch etwas im Haus«, wandte Jansen ein und umarmte seine Tochter. »Ich denke, du kommst jetzt am besten mit mir und ruhst dich bei uns aus.«

Während Dirksen sie nach ein paar Abschiedsworten hinausführte, atmete er auf. Als er sich umdrehte, stand Kinkel hinter ihm.

»Na, dann mache ich mich auch mal auf den Weg nach Hause«, erklärte er.

»Wie?« Dirksen war sichtlich irritiert.

»Nun, für mich gibt es hier nichts mehr zu tun. Alles Weitere veranlasst Lübben.«

»Wie lange ist Immenhoff denn schon tot?« Es war nicht die einzige Frage, die Dirksen auf den Lippen lag.

»Zwischen zwölf und vierundzwanzig Stunden, schätze ich. Die erhöhte Temperatur in der Umgebung der Leiche macht die Beurteilung natürlich schwierig. Was mir dazu in Erinnerung geblieben ist, habe ich berücksichtigt. Ich kann zu Hause aber noch mal nachschauen. Schließlich bin ich kein Rechtsmediziner. Bis dahin gehe ich davon aus, dass er die Sauna gestern Abend benutzt hat.« Kinkel gab ihm die Hand. »Aber jetzt muss ich wirklich los. Meine Frau wartet bestimmt schon mit dem Abendessen.«

Offensichtlich nimmt der Arzt Immenhoffs Tod recht locker, überlegte Dirksen leicht verwirrt, bevor er schnellstens in den Keller hinuntereilte.

»Sieht nicht so aus, als ob das ein Fall für uns wird«, empfing ihn Lübben. »Es sei denn, wir finden Einbruchspuren oder irgendeinen Hinweis, der auf Fremdverschulden schließen lässt.« In Dirksen stieg Enttäuschung hoch. Ein bisschen mehr Untersuchung hätte er sich schon gewünscht, bevor man die Angelegenheit zu den Akten legte.

»Immenhoff ist doch bestimmt noch keine vierzig. In dem Alter stirbt man eigentlich nicht. Zumal der gestern noch quicklebendig war und sich mit seiner Freundin getroffen hat. Ich bin der Meinung, da müsste einfach ermittelt werden.«

»Tja, wie gesagt, wenn es entsprechende Hinweise geben würde, aber Kinkel bescheinigt eindeutig einen natürlichen Tod. Kreislaufversagen. Wahrscheinlich ging es Immenhoff plötzlich schlecht. Er wollte noch aus der Sauna raus, aber dann ist er ohnmächtig geworden und hat es nicht mehr geschafft. Durch die Hitze hat der Kreislauf dann völlig versagt. Ein natürlicher Tod also. Sie verstehen mich.« Er warf Dirksen einen Blick zu, den er nicht recht deuten konnte. Sollte das etwa eine Art Warnung sein, die Finger von dem Fall zu lassen? Ja, für ihn war das erst einmal ein Fall, bevor nicht hundertprozentig feststand, dass hier niemand nachgeholfen hatte. »Mit der Bescheinigung des Arztes, die Sie ja wohl kaum anzweifeln wollen, bekommen wir keine Hausdurchsuchung genehmigt und auch keine Obduktion. Im Übrigen muss ich Ihnen ja nicht sagen, dass wir für die Ermittlungen überhaupt nicht zuständig wären, sondern die Kollegen von der Kriminalpolizei aus Aurich/Wittmund.«

Dirksen verdrehte die Augen. Warum konnte nicht Kommissar Willibald Pielkötter sein Chef sein? Der würde bestimmt nicht so schnell lockerlassen. »Mario Immenhoff hatte auf der Insel eine Menge Feinde«, entgegnete er laut. »Das wissen Sie ja genauso gut wie ich. Der hat sich hier doch überall unbeliebt gemacht. Jedenfalls gäbe es so einige, die ein Motiv hätten …«

»Ein Motiv zu haben, bedeutet noch lange nicht, jemanden umzubringen.« Lübbens Stimme klang inzwischen äußerst ärgerlich. »Und wie soll man Ihrer Meinung nach den Mann möglicherweise umgebracht haben? Etwa indem sich jemand vor die Saunatür stellt? Vergessen Sie nicht, Immenhoff war ein großer, kräftiger Mann und abschließen kann man die nicht.«

Dirksen betrachtete die Holztür. »Hier von außen ist aber ein Griff«, sagte er mehr zu sich selbst. »Wenn ich mir jetzt vorstelle, ich wäre der Mörder ...«

»Ach, hören Sie doch auf«, schnaufte Lübben. »Was wollen Sie? Aus einer friedlichen Insel einen Tatort machen? Aus einem natürlichen Tod einen Mord? Nur um sich zu profilieren? Zeigen Sie mir eine zerbrochene Fensterscheibe, eine verdächtige Stelle am Körper des Toten und ich rufe sofort die Kollegen von Aurich/Wittmund an. Selbstverständlich gehen wir noch einmal durch die Villa, aber solange wir das noch nicht erledigt und etwas Verdächtiges gefunden haben, ist das hier nun einmal kein Tatort.«

»Okay, aber ich finde, wir sollten einen Mord zumindest als Möglichkeit in Betracht ziehen. Ich bin sicher, Kinkel hat die Leiche gründlich untersucht. Bestimmt gab es auch keine sichtbaren äußeren Einwirkungen. Aber der Mörder könnte doch vorher mit Immenhoff etwas getrunken haben. Hat ihm dann Gift ins Getränk geschüttet, ein Kreislauf- oder Beruhigungsmittel, was weiß ich? Nur durch eine Obduktion wäre das nachweisbar.«

»Noch mal ganz klar: Finden Sie Spuren, die eine Obduktion rechtfertigen, ansonsten geben Sie endlich Ruhe.« Dirksen traf ein Blick, der diesmal eindeutig als Warnung zu verstehen war. »Ich gehe jetzt nach oben und sehe mir nacheinander alle Wohnräume an. Kommen Sie mit?«

»Falls Sie nichts dagegen haben, bleibe ich noch etwas hier.«

»Ach, noch was. Soviel ich weiß, hatte der Verstorbene keine engeren Angehörigen oder haben Sie andere Informationen?«

»Nein, da müssen wir wohl erst einmal recherchieren, wen wir benachrichtigen müssen. Auf der Insel ist jedenfalls niemand mit ihm verwandt.«

Nachdem Lübben verschwunden war, seufzte Arne Dirksen laut. Irgendwie hatte er das Gefühl, dass hier etwas nicht stimmte, auch wenn er das, abgesehen von Immenhoffs vielen Feinden und der recht ungewöhnlichen Todesart, nicht genau definieren konnte. Er lief zur Saunatür und ging neben der Leichte in die Hocke, um sie aus der Nähe zu betrachten. Was war denn das dort an der rechten Handkante? Es sah aus wie ein Hämatom. Vielleicht hatte sich Immenhoff beim Fallen verletzt. Er könnte aber auch heftig gegen die Tür getrommelt haben, die jemand von außen verriegelt hatte. Dirksen beschloss, Lübben darauf hinzuweisen, glaubte jedoch nicht, dass er damit wirklich ein Umdenken seines Vorgesetzten bewirken würde.

Nachdenklich wandte sich Dirksen von dem Toten ab. Als er sich fragte, wie er als Mörder vorgehen würde, musste er erneut an Pielkötter denken, und ihn überkam ein sehr starkes Bedürfnis, sein komisches Gefühl bei diesem Todesfall mit dem erfahrenen Kriminalisten zu teilen. Ja, er würde Pielkötter einschalten, ihn um Rat fragen und vielleicht sogar mit ihm zusammen ermitteln. Für einen kurzen Moment überfielen ihn Skrupel, Lübben zu umgehen, doch die Aufklärung eines Mordes war schließlich weitaus wichtiger als ein Rüffel von seinem Chef. Und sollte sich bei der Untersuchung herausstellen, dass hier wirklich kein Verbrechen vorlag, brauchte Lübben von dem Einsatz nichts zu erfahren. Ohne die offiziellen Genehmigungen war die Sache zwar verzwickt, aber er würde sich schon etwas einfallen lassen. Auf jeden Fall wollte er sich die Sauna samt Umgebung noch einmal zusammen mit Kommissar Pielkötter ansehen.

Lübben kehrte so schnell nicht zurück und Dirksen hatte Zeit, sich im Kellergeschoss umzusehen. Er betrat nach und nach jeden Raum und spähte neugierig umher. Die Kellerfenster waren alle intakt, aber das hieß natürlich nichts. Möglicherweise hatte Immenhoff seinen Mörder gekannt und ihn höchstpersönlich in die Villa gelassen. Dirksen öffnete die letzte Tür und knipste das Licht an: eine kleine Abstellkammer ohne Fenster.

Plötzlich stutzte Dirksen. Auf dem Boden stand ein umgedrehter Putzeimer, was nichts bedeuten musste, allerdings ungewöhnlich war. Hatte die Zugehfrau vielleicht eine Spinnenphobie und darunter ein nettes Tierchen eingeschlossen, weil sie sich nicht anders zu wehren wusste? Dirksen trat an den Eimer heran, hob ihn hoch und schaute hinein. Die Theorie mit der Spinne stimmte offensichtlich nicht. Was ihm jetzt aber auffiel, war eine Wollmütze, die wahrscheinlich hinter dem Eimer gelegen hatte, so dass er sie vorher übersehen hatte. Er nahm sie auf und drehte sie in der Hand. Interessant. Jemand hatte zwei Seeschlitze hineingeschnitten. Der Mörder, durchfuhr es Dirksen sofort. Nun ja, vielleicht war das etwas weit hergeholt, doch normal war eine solche Maske in einem Abstellraum sicher nicht. Dirksen zog einen Plastikbeutel aus seiner Jackentasche und tütete die Wollmütze ein. Anschließend stiefelte er mit seiner Beute nach oben. Im Erdgeschoss stieß er auf Lübben.

»Nichts, absolut nichts, was hier auf einen Einbruch hindeutet.«

»Außer diesem Teil«, entgegnete Dirksen.

»Was soll das sein?«

»Wollmütze mit Sehschlitzen. Also, ich brauche so etwas zu Hause nicht.«

»Sie besitzen auch keine Villa und pflegen keinen Lebensstil, den sich ein erfolgreicher Bauunternehmer und Immobilienmakler leisten kann, aber kein Polizeibeamter.«

Dirksen ließ sich nicht beirren. »Für mich gehört diese Mütze erst einmal zur Ausstattung eines Einbrechers.«

»Ja, für Sie vielleicht«, stöhnte Lübben. »Nur dass Immenhoff nun einmal ein ungewöhnlicher Mensch war. Wissen Sie vielleicht, was der für ein Equipment benutzt hat, um sein Sexualleben aufzupeppen? Nun ja, eventuell hat eine seiner zahlreichen Geliebten die Mütze mitgebracht und er fand das überhaupt nicht gut, weshalb sie im Keller gelandet ist statt in der Nachttischschublade.« Dirksen wollte etwas erwidern, kam aber nicht zu Wort. »Wenn Sie schon unbedingt auf Mord und Einbruch hinauswollen, dann frage ich Sie jetzt eins: Warum hat der Täter die Maske nicht einfach mitgenommen?« Dirksen musste leider passen. »Wer ist denn so blöd und setzt die Maske ab, damit wir sie finden? Mensch Dirksen, sie verrennen sich in eine fixe Idee.«

27

Der Physiotherapeut Marcus nahm Pielkötter ganz schön ran. Die Übungen waren äußerst schmerzhaft, aber das war nicht der einzige Grund, warum Pielkötter dem Ende der Sitzung entgegengefieberte. Er wollte unbedingt mit Marianne telefonieren. Etliche Male hatte er bereits vergeblich versucht, sie unter der Festnetznummer oder auf ihrem Handy zu erreichen. Dabei hatte sie heute ihren freien Tag. Zuerst war es ihm wichtig gewesen, ihr mitzuteilen, dass es ihm gelungen war, den Arm an der kranken Schulter einige Zentimeter höher zu heben. Allerdings stand inzwischen die Sorge um seine Frau im Vordergrund. Pielkötter fand auch äußerst seltsam, dass sie selbst sich nicht meldete. Sie musste doch sehen, dass er angerufen hatte. Sonst interessierte sie sich doch immer brennend dafür, welche Fortschritte er machte.

»Machen Sie die neuen Übungen mindestens zweimal täglich«, unterbrach Marcus seine Gedanken »Am besten dreimal. Und wenn es nur jeweils fünf Minuten sind.«

Pielkötter nickte geistesabwesend. »Vielen Dank und bis morgen«, verabschiedete er sich recht schnell. Anschließend stürmte er die Treppe hinauf, um zu seinem Zimmer zu gelangen. Das Smartphone lag griffbereit auf dem Tisch. Pielkötter nahm es an sich und tippte Mariannes Nummer ein. Wieder ertönte nur das Freizeichen und er konnte seine Frau nicht erreichen. Beunruhigt lief er zur Balkontür und starrte hinaus. Warum meldete sie sich nicht? Er hätte auch zu gerne gewusst, ob sie schon etwas für den Besuch auf Norderney unternommen hatte. Vielleicht wusste Jan Hendrik davon. Pielkötter nahm erneut das Smartphone an sich.

»Hallo«, meldete sich sein Sohn wenig später sichtlich überrascht. Jedenfalls klang seine Stimme eine Spur anders als sonst. Und wenn er ganz ehrlich war, auch nicht besonders erfreut.

»Störe ich dich gerade?«, fragte Pielkötter irritiert.

»Du kannst ruhig reden.«

»Ist was?« Pielkötter hätte schwören können, dass seinem Sohn etwas auf dem Herzen lag.

»Nö, nö!«

Vielleicht war es besser, das Gespräch direkt auf Marianne zu bringen. »Weißt du, wo deine Mutter steckt? Ich habe vergeblich versucht, sie zu erreichen.«

»Marianne?« Ja, gibt es denn noch eine andere Frau, die sich deine Mutter schimpft, dachte Pielkötter, sprach es aber nicht laut aus. »Ja, also … eigentlich nicht.«

»Gut, dann wüsste ich gerne, wo sie sich uneigentlich aufhält. Sie hat doch heute frei, oder?«

»Nun ja, ich glaube, sie hat heute etliche Termine. Am besten sprichst du mit ihr selbst darüber.«

Pielkötter verspürte ein Grummeln im Magen. Was hatte das zu bedeuten? Hatte sich Marianne etwa entschieden, ihn nicht zu besuchen? Vielleicht drückte sie sich deshalb vor einem Gespräch, auch wenn das normalerweise überhaupt nicht ihre Art war.

»Okay, falls sie sich bei dir meldet, richtest du ihr bitte aus, dass sie bei mir anrufen soll. Dass sie überhaupt nicht reagiert, macht mir Sorgen.« Den letzten Satz hatte er eigentlich nicht aussprechen wollen, aber nun war er heraus.

»Mach ich und tschau«, beendete Jan Hendrik ziemlich abrupt das Telefonat und ließ Pielkötter ein wenig ratlos zurück.

In Gedanken lief Pielkötter zum Balkon. Er war gerade im Begriff die Tür zu öffnen, da klingelte es. Marianne! Im ersten Moment wollte er aufatmen, aber dann meldete sich eine warnende Stimme in seinem Kopf. Wenn sie jetzt anrief, dann hatte Jan Hendrik mit ihr gesprochen. An einen Zufall mochte er nicht glauben. Wieso war sie für ihren gemeinsamen Sohn sofort erreichbar, doch für ihn anscheinend nicht?

»Hallo, Willibald, ich habe gerade mit unserem Sohn telefoniert«, bestätigte sie seine Vermutung. »Du, du brauchst dir keine Sorgen zu machen. Ich, also, ich habe so viel zu erledigen.« Was war nur los? Warum stammelte Marianne so herum? »Wie gesagt, im Augenblick weiß ich gar nicht, wo mir der Kopf steht. Meine Chefin ist krank.«

Die warnende Stimme in seinem Inneren verstärkte sich. »Dann wäre das vielleicht auch keine gute Idee, wenn du mich auf Norderney besuchen kommst«, erklärte er, ehe sie es ansprechen konnte. So baute er ihr eine Brücke, hoffte aber, sie würde sie nicht benötigen.

»Wo du das jetzt ansprichst«, seufzte sie. »Darüber habe ich natürlich auch schon nachgedacht. Im Moment halte ich den Besuch tatsächlich für keine gute Idee. Ich muss meine Chefin vertreten. Für den Samstag haben wir eine ehemalige Mitarbeiterin einspannen können. Aber ich bekomme keinen weiteren Urlaubstag.«

»Nur für ein Wochenende ist es von Duisburg aus wirklich viel zu weit«, pflichtete er ihr bei, wobei er seine Enttäuschung nur mit Mühe verbergen konnte. Schließlich hatte sie die Anfahrt beim ersten Mal auch nicht gescheut. Irgendetwas stimmte da nicht. Wenn er nur wüsste, was?

»Du, ich muss jetzt Schluss machen«, unterbrach sie seine Gedanken. »Der nächste Termin steht an. Pass auf dich auf, Willibald.«

Nach dem Telefonat fühlte sich Pielkötter noch viel mieser als vorher. Das war allerdings nur zum Teil darauf zurückzuführen, dass er sie nun doch nicht so bald in seine Arme schließen konnte. Sie hatte sich nicht einmal nach seinen Fortschritten erkundigt, ihm keine gute Besserung gewünscht, als interessiere es sie nicht.

28

Friederike Hanussen öffnete die Tür und erstarrte.

»Moin, Frau Hanussen«, sagten Arne Dirksen und Klaas Lübben wie im Chor.

»Die … die Polizei« stotterte sie »Und dann gleich zu zweit. Es ist doch hoffentlich nichts Schlimmes passiert?« Plötzlich schlug sie sich die Hand vor den Mund und ihre Augen weiteten sich vor Entsetzen. »Nein, nicht Holger, neet mien Jung.«

»Beruhigen Sie sich, es geht nicht um Ihren Sohn. Wir möchten Sie wegen«, er zögerte, »… eines aktuellen Ereignisses sprechen. Das ist übrigens mein Mitarbeiter Polizeiobermeister Arne Dirksen und ich bin Polizeihauptmeister Klaas Lübben, sofern Sie unsere Namen noch nicht kennen sollten. Dürfen wir kurz hereinkommen?«

»Ja, ja, natürlich«, stotterte sie, nachdem sie sich wieder etwas gefangen hatte. »Hauptsache neet mien Jung.«

Sie führte die beiden Beamten in die gute Stube, in der unzählige Puppen auf einem uralten Sofa mit gedrechselten Beinen aus dunklem Holz und zwei dazugehörenden Sesseln saßen. Friederike Hanussen räumte ihnen einen Platz frei. »Die mache ich selbst«, erklärte sie. »Ist so een Hobby von mir. Seit Holger ausgezogen ist, habe ich ja viel Zeit. Möchten die Herren Kaffee oder Tee?«

Arne Dirksen wechselte einen kurzen Blick mit seinem Vorgesetzten. »Tee«, entschied der. »Tee mit einem ordentlichen Schuss Milch und Kluntjes, wenn Sie haben.«

»Klar, Kluntjes habe ik immer to huus«, erwiderte sie, wobei sich zum ersten Mal der Anflug eines Lächelns auf ihrem sonnengebräunten Gesicht mit etlichen kleinen Fältchen zeigte.

»Nun, was führt Sie zu mir?«, fragte sie nachdem sie ein Tablett mit drei Teetassen und einer Zuckerdose auf den Couchtisch gestellt hatte. Sie zupfte an ihrem blauen, für eine Frau ihres Alters vielleicht etwas zu kurzen Rock, als wolle sie ihn über ihre Knie ziehen. Die Augen hinter ihrer randlosen Brille pendelten zwischen den beiden Polizisten hin und her. »Ich hoffe nichts Ernstes.«

»Leider doch«, ergriff Klaas Lübben das Wort. »Wir müssen Ihnen die traurige Mitteilung machen, dass Herr Immenhoff verstorben ist.«

»Wie ... verstorben?« Friederike Hanussen wirkte völlig irritiert. »Das kann ja nicht sein. Gestern am frühen Nachmittag habe ich bei ihm geputzt und mich noch mit ihm unterhalten, als er kurz etwas aus seinem Büro geholt hat.« Sie stockte, schien erst jetzt die Tragweite der Mitteilung zu begreifen. »Und der ist doch ganz jung.«

»Ja, das ist wirklich erstaunlich. Deshalb ist es uns auch so wichtig, mit Ihnen zu sprechen. Wahrscheinlich waren Sie nämlich eine der Letzten, die Immenhoff lebend gesehen hat.«

»Das ist so furchtbar. Ich verstehe das nicht.«

»Wie gesagt, auch für uns wirft sein Tod Fragen auf.«

»War es ein Unfall? Etwa auf einer Baustelle?«

»Nein, er ist in seiner Sauna gestorben. Vermutlich ist er ohnmächtig geworden. Anschließend hat wegen der anhaltend hohen Temperaturen sein Kreislauf versagt, weil er die Sauna nicht abstellen konnte.«

»Wir müssen natürlich auch prüfen, ob man Fremdverschulden hundertprozentig ausschließen kann«, ergänzte Dirksen und fing sich einen ärgerlichen Blick seines Vorgesetzten ein.

»Fremdverschulden! Wie meinen Sie das? Wer sollte Immenhoff etwas antun wollen?«

»Oh, da fallen mir genug Leute ein, die mächtig sauer auf ihn waren.«

»Weil sie ihn alle nicht kennen«, warf sie leicht entrüstet ein. »Er war wirklich ein toller Arbeitgeber, auch wenn mir das nie jemand geglaubt hat.« Mit einem Mal liefen Tränen ihre Wangen hinunter. »Ja, er hat mich sehr großzügig bezahlt«, schluchzte sie. »Und als ich einmal zum Geburtstag meiner Schwester nach Arnsberg eingeladen war, hat er mir drei Hunderter zugesteckt und zusätzlich ein paar Tage freigegeben.« Sie fischte nach einer Packung Papiertaschentücher, die auf einem Schränkchen neben dem Sofa lag und schnäuzte sich die Nase. »Hinterher hat er sich sogar erkundigt, ob ich auf der Feier Spaß gehabt hätte. Er hat Anteil genommen an meinem Leben. Kaum zu glauben, was? Die Leute kannten nur eine Seite von ihm. Wie oft wurde ich gefragt, warum ich ausgerechnet für den Dreckskerl, Fiesling oder Ausbeuter arbeiten würde. Ja, so schlecht haben sie von ihm gesprochen.«

»Aber Sie kennen seine andere Seite?«

»Ich weiß zumindest, dass er mich immer anständig behandelt hat, und gegenüber seinen Frauen war der auch sehr großzügig, soweit ich das mitgekommen habe. Zudem unterstützt er sogar einige Patenkinder in Afrika. Da staunen Sie, was?« Arne Dirksen bemerkte, dass sie von Immenhoff wieder in der Gegenwartsform redete. Offensichtlich fiel es ihr schwer, seinen Tod zu akzeptieren. »*Damit die eine bessere Kindheit haben als ich,* hat er mal zu mir gesagt, als er nicht mehr ganz nüchtern war.«

»Okay, wir sind auch nicht hier, um über Ihren Arbeitgeber zu richten und seine guten oder schlechten Eigenschaften infrage zu stellen«, beschwichtigte Lübben. »Wie er als Mensch war, interessiert uns eigentlich nicht.«

»Es sei denn, er hätte jemandem so übel mitgespielt, dass der ihn deswegen ermordet hätte.«

Ärgerlich sah Lübben wieder zu Dirksen hinüber. »Aber das schließen wir so gut wie aus. Es sei denn«, wiederholte er die Worte seines Mitarbeiters, »Sie liefern uns jetzt entsprechende Hinweise.«

»Nein, was soll ich dazu sagen? Ich kann mir einfach nicht vorstellen, dass irgendjemand Immenhoff ermordet hat, und ich könnte auch nichts nennen, was darauf hindeutet. Alles war gestern wie immer. Fast jedenfalls.«

»Aha!«

»Und was war anders? Am besten schildern Sie uns Ihren gestrigen Aufenthalt in seiner Villa einmal ganz genau.«

»Um zehn Uhr habe ich mit meiner Arbeit angefangen.«

»Ich nehme an, Sie haben einen eigenen Schlüssel«, unterbrach Dirksen Friederike Hanussen kurz.

»Ja, wie so manch andere. Also, nicht dass er mit den Schlüsseln nur so um sich geworfen hätte, aber die wichtigsten seiner Damenbekanntschaften haben schon einen bekommen. Mit seinen Initialen auf dem Anhänger und dem Logo seiner Firma.« Sie tupfte einige stumme Tränen von ihren Wangen, dann fasste sie sich ans Kinn, als ob sie ganz scharf nachdenken müsste. »Vielleicht wollte er damit eine Vertrauensbasis herstellen. Seine Freundinnen sollten glauben, dass ausgerechnet sie etwas Besonderes sind.«

»Und wenn er sie verlassen hat, hat er den Schlüssel zurückgefordert, nehme ich an«, erwiderte Dirksen.

»Wahrscheinlich nicht immer. Er hat nämlich auch schon mal welche nachmachen lassen müssen.« Erneut kullerten Tränen ihre Wangen hinunter. »Ich an seiner Stelle hätte die Schlüssel zurückgefordert. Schließlich hätte eine seiner Ex-Gespielinnen mal auf dumme Gedanken kommen können. In dem Haus gibt es ja genug Wertgegenstände.«

»Was Frau Hanussen gerade gesagt hat, untermauert doch meinen möglichen Verdacht, dass jemand sich in die Villa geschlichen haben könnte, um Immenhoff …«, wandte sich Dirksen an seinen Vorgesetzten.

»Frau Hanussen meinte etwas ganz anderes: Diebstahl, um dem Immenhoff eins auszuwischen. Welche seiner Geliebten soll außerdem so viel Kraft besessen haben, die Tür der Sauna gegen seinen Willen zuzudrücken?«

»Da hat Ihr Kollege Recht, von Mord zu reden, war nie meine Absicht.« Sie wirkte schockiert.

»Dann erzählen Sie bitte weiter, was Sie gemacht haben, nachdem Sie die Villa betreten haben.«

»Ich habe sofort angefangen zu putzen. Herumzutrödeln, ist wirklich nicht mein Ding. Es ist ja ein großes Haus. Zum Glück hat Herr Immenhoff für die Fenster extra einen Dienst bestellt.« Ihre Miene verzog sich, als würde sie gleich wieder weinen. »Das macht auch kein anderer Arbeitgeber.«

»Und was war jetzt anders als sonst?«, fragte Dirksen schnell, um einem drohenden Gefühlsausbruch zuvorzukommen.

»Herr Immenhoff ist nach Hause gekommen, ehe ich mit dem Putzen fertig war. Etwa gegen drei, vielleicht halb vier. Normalerweise bin ich um vier schon weg, es sei denn, es fällt noch etwas Besonderes an. Da wird es dann mal fünf oder später. Immenhoff zahlt das natürlich extra. Ohne große Diskussion. Wegen Geld gibt es nie Ärger mit ihm. Er ist wirklich nie kleinlich. Ich sage, wie lange ich geblieben bin, und er gibt mir den Lohn. Immer aufgerundet!«

»Hat er Ihnen erklärt, warum er schon so früh zurückgekehrt ist?«

»Ja, er hatte eine Akte in seinem Arbeitszimmer in der ersten Etage vergessen. Er ist nach oben gehumpelt, hat sie geholt und ist dann auch gleich wieder weggefahren.«

»Gehumpelt?«

»Ja, er hat sich eine Verletzung auf einer Baustelle zugezogen. Sei aber halb so wild, hat er gemeint.«

»Fällt Ihnen sonst noch etwas ein?«

»Ja, gestern wirkte Immenhoff irgendwie aufgeregt, sehr aufgeregt. Vieleicht hatte er Angst, mit der Akte zu spät zu einem Termin zu kommen.«

Lübben warf Dirksen einen vielsagenden Blick zu. »Da haben wir es: Aufgeregt! Sehr aufgeregt! Das kann leicht zu einem Herzinfarkt oder einem Schlaganfall führen.«

»Trotzdem wäre mir lieber, wenn das eine Obduktion bestätigen könnte.«

»Müssen wir das vor Frau Hanussen erörtern?«, entgegnete Lübben spitz. »Und ich denke, dass wir die Befragung sowieso beenden können, es sei denn Frau Hanussen möchte uns noch etwas mitteilen.« Als sie stumm den Kopf schüttelte, fuhr Lübben fort. »Dann erst einmal vielen Dank für Ihre Hilfe, und falls Ihnen später weitere Details einfallen sollten, melden Sie sich bitte auf der Polizeistation.«

29

Bereits zehn Minuten vor der verabredeten Zeit stand Pielkötter in der Eingangshalle und wartete auf Thorsten Sperling. Als der mit undurchdringlicher Miene erschien, glaubte Pielkötter zunächst, der Mann wolle einen Rückzieher machen und er müsse allein ein Bier trinken gehen.

»Ich hoffe, Sie warten nicht schon lange auf mich?«, fragte Sperling, nachdem er sich ihm bis auf wenige Schritte genähert hatte. »Leider musste ich noch einmal zum Zimmer zurück, um mir andere Schuhe anzuziehen. In denen hier kann ich besser laufen, und ich weiß ja nicht, wo Sie mich hinführen werden.«

»Ich würde gerne mit Ihnen ins KurPalais im Conversationshaus gehen. Das altehrwürdige Gebäude aus der Kaiserzeit sollte man ja auf jeden Fall einmal gesehen haben. Wenn mich meine Frau demnächst besuchen kommt, möchte sie bestimmt auch dorthin und dann kenne ich mich dort schon aus.«

Bei dem letzten Satz war Sperling leicht zusammengezuckt, worauf sich Pielkötter keinen richtigen Reim machen konnte. Hatte er etwa etwas Falsches gesagt? Sperling ließ ihm nicht viel Zeit, darüber nachzudenken, denn er fing sich schnell wieder.

»Dann brechen wir mal auf«, erwiderte er, wobei er offensichtlich bemüht war, heiter oder zumindest neutral zu klingen.

Unterwegs liefen sie meist schweigend nebeneinander her. Nur an einigen markanten Punkten erklärte Pielkötter, was er jeweils über diesen Ort oder die Sehenswürdigkeit wusste, während Sperling ab und zu nickte, sonst jedoch dazu schwieg.

»Ich war früher sehr oft auf Norderney«, bemerkte Sperling, als Pielkötter am Kaiser-Wilhelm-Denkmal ausholen wollte, wie die obeliskartige Pyramide zustande gekommen war.

»Stimmt«, sagte Pielkötter und schlug sich mit der Hand an die Stirn. »Das hatten Sie erwähnt, aber zwischenzeitlich habe ich es wohl vergessen. Weil ich den Ort aussuchen sollte, habe ich fälschlicherweise angenommen, Sie wären zum ersten Mal hier auf der Insel.«

»Nun, vielleicht kennen Sie sich in der Norderneyer Gastronomie trotzdem besser aus. Bei mir ist der letzte Besuch schon zwei Jahre her. Und wie das so ist, Restaurants, Cafés und Kneipen kommen und gehen.«

Ob das auch für Norderney galt, wagte Pielkötter zu bezweifeln, sagte dazu aber nichts. Schweigend liefen sie die Fußgängerzone entlang am Alten Postamt mit den markanten Zinnen vorbei und dann in Richtung Kurplatz. Das weiße imposante Conversationshaus mit seinen Säulen und dem kleinen Turm in der Mitte erkannten sie schon von Weitem.

»Aber in dem Café KurPalais waren Sie noch nicht?«, fragte Pielkötter, als sie die Stufen der Eingangshalle zum Conversationshaus hochliefen.

»Nein. Ich war hier mehrmals bei der Touristeninformation und einmal habe ich eine Veranstaltung mit zwei Kabarettisten aus dem Ruhrgebiet besucht, die mir sehr gut gefallen hat. Vielleicht kennen Sie die sogar, wo sie doch in Duisburg arbeiten. Benjamin Eisenberg stammt aus Bottrop und Matthias Reuter aus Oberhausen.«

»Dem Namen nach schon. Und mein Sohn hat die beiden, glaube ich, mal in einer Stadtbibliothek auftreten sehen.« Pielkötter überlegte, wann er wohl mit Sperling darüber gesprochen hatte, dass er in Duisburg arbeitet, konnte sich aber partout nicht erinnern.

»Sie haben mir übrigens nicht selbst von Ihrer Arbeit bei der Duisburger Polizei erzählt«, erklärte Sperling, als hätte er seine Gedanken erraten. »Herr Teinert hat sie mal vor einer Sitzung etwas ausgefragt und da habe ich das zufällig mitbekommen.«

Pielkötter ließ sich zu einem kurzen »Aha« hinreißen. Manche Dinge klärten sich schneller als erwartet.

Sie durchquerten die Eingangshalle des Conversatiosnshauses und betraten das Café KurPalais. Bei schönem Wetter und sommerlichen Temperaturen waren die Glastüren zur Terrasse geöffnet, aber jetzt im Herbst hatte man sie wegen des heftigen Windes geschlossen. Pielkötter fand das Ambiente sehr ansprechend, auch wenn er nicht genau wusste warum. Vielleicht mochte er einfach die Mixtur. Die dunkle Tapete mit großen Mustern hätte aus einem alten Schloss stammen können, die auffallend roten Leuchter eher aus einer luxuriösen, modernen Bar. Selbst das Buffet hinter der Theke mit den Gläsern vor einem Spiegel konnte er nicht eindeutig einer Stilrichtung zuordnen.

Ohne sich abgesprochen zu haben, steuerten sie beide einen Tisch in der Nähe einer der geschlossenen Terrassentüren an und ließen sich in zwei Sesseln mit hübsch gemustertem Bezug in dezenten Farben nieder. Während Sperling sofort in der Menükarte zu blättern begann, fuhr Pielkötters Blick an den ungewöhnlich hohen Sprossentüren entlang. Den Abschluss bildete schließlich ein halbrundes Fenster, das aus vielen Einzelteilen bestand. Erst jetzt fiel Pielkötter die stattliche Höhe des Raums auf, die er auf etwa sieben Meter schätzte.

»Ich kann mich nicht zwischen Ostfriesentee und Lumumba entscheiden«, erklärte Sperling, als er sich ihm wieder zuwandte.

»Ostfriesentee ist abends nichts mehr für mich, wenn ich in der Nacht ein Auge zutun will. Auch zu Hause sind für mich alle Getränke mit Teein oder Koffein ab dem späten Nachmittag tabu.«

»Nun, ich bin das gewöhnt, trotzdem nehme ich doch lieber einen Lumumba.«

Als hätte er nur auf diese Entscheidung gewartet, tauchte in diesem Moment ein junger Kellner in enger Jeans und schwarzem Hemd an ihrem Tisch auf. »Für mich bitte ein Pils«, sagte Pielkötter, nachdem Sperling bestellt hatte.

»König Pilsener?«

»Ja, sehr gern.« Als sich die Bedienung entfernte, wandte er sich wieder an Sperling. »Ich wundere mich immer noch darüber, dass einige Lokale hier das Duisburger Bier ausschenken.«

»Warum nicht? Der Transport über den Friesenspieß ist ja nicht so weit.«

Pielkötter überlegte, wie er es am besten anstellte, dass aus diesem Geplänkel eine Begegnung entstand, bei dem er etwas über die näheren Lebensumstände seines Gesprächspartners erfuhr. Wenn der Kakao genügend Rum enthielt, würde Sperling vielleicht ein wenig lockerer werden.

»Sie beabsichtigen also, der Gesprächsrunde von Frau Meinertshagen fernzubleiben«, versuchte Pielkötter, dem Gespräch eine andere Richtung zu geben, nachdem der Kellner die Getränke an ihren Tisch gebracht hatte. »Ich kann das gut verstehen, das habe ich Ihnen ja schon gesagt. Schade, dass Katharina Fallersleben nicht die Gruppentherapie leitet. Zwar bin ich auch kein Freund davon, mit fremden Menschen über meine Probleme zu reden, aber Frau Fallersleben habe ich zumindest schätzen gelernt.«

»Richtig helfen kann mir sowieso keiner«, wandte Sperling ein. »Mit meiner Trauer muss ich alleine fertigwerden. Die nimmt mir niemand ab.«

»Tut mir leid, dass Sie eine nahstehende Person verloren haben. Das wusste ich nicht.«

»Meine Frau.« Sperling schien zu schlucken. Entweder war ihr Tod noch nicht so lange her oder er hatte eine ganz intensive Beziehung zu ihr gehabt. »Krebs. Die letzten Wochen waren sehr schlimm.«

»Dagegen wirken die hausgemachten Schwierigkeiten einer Magdalena Kiesewetter wirklich lächerlich«, entgegnete Pielkötter mit zwiespältigen Gefühlen. Einerseits behagte es ihm nicht, über andere Menschen zu lästern, aber andererseits entsprach das seiner ehrlichen Meinung, und die kundzutun konnte dazu führen, dass Sperling sich weiter öffnete.

»An Norderney hängen so viele gemeinsame Erinnerungen. Spaziergänge auf der Strandpromenade. Saunabesuche im Thalassobad. Vor zwei Jahren waren wir da zusammen beim Meeresleuchten. Das habe ich meiner Frau zum Geburtstag geschenkt. Und auf der Terrasse vom Surfcafé hat sie so gerne gesessen, besonders abends. Auch noch, wenn die Sonne längst untergegangen war. Wind hat ihr nichts ausgemacht.«

»Offensichtlich hatten Sie ein sehr intensives Verhältnis zu Ihrer Frau.«

Sperling erwiderte darauf nichts. Mit ausdrucksloser Miene stierte er auf die gegenüberliegende Wand, als lese er aus dem Muster der Tapete eine Botschaft heraus. Schließlich trank er seinen Lumumba in einem Rutsch aus und winkte den jungen Kellner heran. Nachdem er ein Glas Rotwein geordert hatte, wandte er sich wieder Pielkötter zu. »Genau das wird mir nun zum Verhängnis«, reagierte er nun doch auf dessen letzte Bemerkung. »Wenn das anders gewesen wäre, hätte ich nach ihrem Tod vielleicht ein ganz normales Leben führen können. So aber hat sich eine Abwärtsspirale in Gang gesetzt, die ihr Ende wahrscheinlich noch nicht erreicht hat.«

»Wie meinen Sie das?«, fragte Pielkötter, nachdem Sperling wieder eine Weile geschwiegen hatte.

»Nach dem Tod meiner Frau stand ich völlig neben mir. Ich war nicht mehr fähig, meinen Alltag zu regeln. Depressionen, hat mein Arzt mir bescheinigt und Psychopharmaka verschrieben. Davon wurde es nur noch schlimmer und ich habe das Zeug die Toilette runtergespült.« Pielkötter fühlte sich tief betroffen. Er konnte sich gut vorstellen, dass Sperling das alles zum ersten Mal einem anderen Menschen offenbarte.

Die Bedienung brachte ein Glas Rotwein und Sperling nahm sofort einen kräftigen Schluck. Anschließend stierte er vor sich hin und fuhr dann fort. »Morgens habe ich im Bett gelegen, unfähig aufzustehen. Welcher Arbeitgeber macht das schon lange mit? Ob ich entschuldigt gefehlt habe oder nicht, war mir einfach egal. Schließlich kam, was kommen musste: Ich habe die Papiere gekriegt. So hat mein Vater das immer ausgedrückt, wenn einer auf seinem Werk entlassen wurde.«

»Aber Sie waren nicht in einem Werk beschäftigt?«, fragte Pielkötter voller Mitgefühl.

»Nein, ich war Vertreter für Lederwaren einer angesehenen Marke, die letzten Jahre vor dem großen Absturz sogar äußerst erfolgreich.« Sperling versuchte zu lachen, scheiterte allerdings kläglich. »Im Moment kommt mir diese Zeit vor wie aus einer anderen Welt oder zumindest aus einem anderen Leben. Ich habe auch Seminare über das optimale Kundengespräch gehalten. Dabei habe ich den Teilnehmern erklärt, dass man die Gesten seines Gegenübers übernehmen muss. Und wenn der Kunde die Beine genauso übereinanderschlägt wie man selbst, sei es an der Zeit, ihm den Vertrag anzubieten. Können Sie sich das vorstellen?« Pielkötter wusste nicht, was er erwidern sollte, doch Sperling schien gar keine Antwort zu erwarten. Er fuhr einfach fort. »Als ob das im Leben wirklich wichtig wäre. Ja, kurz vor dem Abschuss, so nenne ich das oft, war ich sehr erfolgreich in meinem Job. Leider führte das dazu, dass ich meine Frau oft allein lassen musste. Ein paar Mal ist sie sogar ohne mich nach Norderney gefahren. Das ist unserer Ehe nicht gut bekommen, und ich würde mir wünschen, das Rad der Zeit noch einmal zurückzudrehen.«

»Manchmal trifft man die falsche Entscheidung im Leben«, entgegnete Pielkötter, wobei er an seinen Fehltritt und die schrecklichen Konsequenzen dachte. Zum Glück fragte Sperling nicht weiter nach. Er war ganz mit seinem eigenen Schicksal beschäftigt.

»Als ich erkannt habe, wie sehr meine Frau unter meiner Arbeit leidet, war es bereits zu spät«, fuhr er fort. »Von da an ging es in rasender Talfahrt bergab, ohne dass ich eingreifen konnte oder wollte: Ihr Tod, Depression, Entlassung. Mittlerweile bin ich finanziell so schlecht gestellt, dass ich mir nicht einmal mehr einen längeren Aufenthalt auf Norderney leisten könnte.« Er versuchte erneut zu lachen, doch es klang eher wie das Bellen eines Hundes, der kaum noch die Kraft besaß, seiner Aufgabe als Wächter nachzukommen.

»Aber wie schön, dass Ihre Krankenkasse Sie hierhergeschickt hat«, erwiderte Pielkötter und fühlte sich dabei endlich auf halbwegs sicherem Terrain. »Zumindest in der Wahl des Kurortes hatten Sie Glück.«

Sperling trank einen großen Schluck von seinem Merlot. »Wie man es nimmt. Das habe ich meinem Hausarzt zu verdanken. Ich habe ihn darum gebeten, sich für Norderney einzusetzen und er verfügt offensichtlich über die entsprechenden Beziehungen. Und es hat geklappt. Doch dass mich hier die Erinnerungen so einholen und ich diese Gruppentherapie über mich ergehen lassen soll ...«

»Vielleicht kann ich Sie in dieser Hinsicht etwas beruhigen«, wandte Pielkötter ein. »Also, ich habe in den ersten Wochen die ein oder andere Therapiestunde geschwänzt, und bin trotzdem nicht nach Hause geschickt worden. Klar hat das Ärger gegeben, allerdings...«

In diesem Moment rauschte die Bedienung heran. »Darf ich Ihnen noch etwas bringen?«

Pielkötter schaute auf die Uhr und schüttelte den Kopf. »Leider nein, wir müssen nämlich in einer halben Stunde in unserer Rehaklinik sein. Aus diesem Grund möchte ich gern zahlen. Die Runde geht auf mich.«

30

Im Hause Mackenbrock herrschte ordentlich dicke Luft. Deshalb hatte Au-pair-Mädchen Arlette Legrand es zunächst sehr eilig, die Villa für diverse Einkäufe zu verlassen. Sie konnte selbst nicht sagen, warum sie plötzlich in der Diele verharrte, von wo aus sich das Gespräch ihrer Arbeitgeber Nathalie und Gonne Mackenbrock gut verfolgen ließ. Vielleicht gab ihr die Tatsache, nicht gesehen zu werden, ein Gefühl der Sicherheit. Sie hatte Nathalie kurz zuvor einen Tee gebracht und sich da bereits nichts sehnlicher gewünscht, als schnellstmöglich aus dem Dunstkreis der beiden zu verschwinden.

Gonne Mackenbrock hatte an dem wuchtigen Tisch im Erker ihrer Küche seiner Frau gegenübergesessen, die er ebenso wenig beachtete wie Arlette. Sein Kopf war hinter der neusten Ausgabe der Norderneyer Tageszeitung verborgen gewesen, so dass sie sein Gesicht nicht hatte sehen können. Vielleicht las er etwas von Immenhoff, dessen Tod auf der Insel zum Gesprächsthema Nummer eins geworden war. Jedenfalls war die Neuigkeit eingeschlagen wie eine Bombe. Doch anstatt sich darüber zu unterhalten, hatten sich die Mackenbrocks angeschwiegen und das Schweigen schien wie eine Mauer zwischen ihnen zu stehen.

Nathalie hatte einige Male geseufzt, nachdem sie auf die letzte Frage, die sie Gonne gestellt hatte, von ihm keine Antwort erhalten hatte. Nun ja, soviel Arlette als Hausangestellte mitbekommen hatte, lebte jeder der beiden sein eigenes Leben, ohne dass der andere größeren Anteil daran nahm. Sie konzentrierte sich auf die Lokalpolitik und er ging vollkommen in der Rolle des Hoteliers auf, der sich am liebsten persönlich um alles kümmerte. Arlette war vor acht Monaten nach Norderney und in diese Villa gekommen. Sie konnte nicht sagen, ob die Ehe früher glücklich gewesen und irgendwann in die falsche Richtung abgedriftet war. Zumindest schien keiner der beiden einen Versuch zu unternehmen, der negativen Entwicklung entgegenzusteuern. Oder doch? Alles bekam sie natürlich nicht mit.

Als Arlette beschloss, endlich aufzubrechen, hörte sie Gonnes Stimme. »Die Aktien, die ich neulich gekauft habe, sind abgeschmiert«, erklärte er. »Erst heißt es, totsicherer Tipp und dann gehen die Scheißdinger auf Talfahrt. Dabei hatte ich ein so gutes Gefühl bei der Sache.«

»Wir haben jetzt wirklich andere Probleme als diese elenden Aktien«, erwiderte Nathalie laut. »Oder führt uns der Kauf etwa in den finanziellen Ruin? So wie ich dich kenne, bist du bei dem Deal doch eher übervorsichtig gewesen.«

»Der Verlust hält sich wirklich in Grenzen. Trotzdem ist das überaus ärgerlich.«

»Gonne, wir müssen reden«, sagte sie. Ihre Stimme klang nach einem seltsamen Mix aus Beschwörung und Resignation.

»Worüber?«

»Ich meine … also, immerhin haben wir uns einmal geschworen, zusammenzuhalten, in guten und in schlechten Tagen.«

»Und?«, fragte er ärgerlich. »Tun wir das etwa nicht? Ich kümmere mich um unseren Hotelbetrieb und halte dir für deine hochtrabenden politischen Ambitionen den Rücken frei. Ist das alles nicht genug? Will die feine Dame noch mehr?«

Arlette konnte sich förmlich vorstellen, wie er sein Gesicht verächtlich verzog.

»Gonne, ich … ich möchte einfach wissen, was in dir vorgeht. So kann ich auf Dauer nicht weiterleben.«

»Ich muss los«, brach er das Gespräch abrupt ab und versetzte Arlette in Alarmbereitschaft. »Feldhorst wartet auf mich. Wir haben einiges wegen des Personalmangels zu besprechen. Natürlich haben wir die Arbeitsanforderungen angehoben, aber langsam kommen wir an ein Limit. Mehr ist einfach nicht zu schaffen, wenn die Qualität nicht leiden soll. Der Name Mackenbrock steht schließlich für einen bestimmten Standard, den ich nicht leichtfertig aufgeben möchte.«

»Gonne ...«, erwiderte Nathalie mit seltsamer Stimme, weiter kam sie nicht.

»Wir sehen uns heute Abend«, unterbrach er sie. »Es sei denn ...«

Arlette bekam den Rest der Unterhaltung nicht mehr mit, weil sie das Haus schnell verließ, wobei sie versuchte, die Tür möglichst geräuschlos hinter sich zuzuziehen.

31

Pielkötter hetzte den Gang zu seinem Zimmer entlang, aus dem er schnell seine Badesachen und ein Handtuch für die Wassergymnastik holen wollte. Als er sich suchend in dem Raum umsah, fiel sein Blick auf das Smartphone auf dem kleinen runden Tisch. Er konnte es nicht lassen, kurz nachzuschauen, ob jemand während seiner Physiotherapie versucht hatte, ihn zu erreichen. Tatsächlich, ein entgangener Anruf! Aber nicht von Marianne, wie er gehofft hatte, sondern von Arne Dirksen. Pielkötter empfand das als seltsam, da der junge Norderneyer Polizist eigentlich wusste, dass er morgens viele Anwendungen hatte und sein Therapieplan ziemlich ausgefüllt war. Es musste dringend sein, anders konnte sich Pielkötter den Anruf nicht erklären. In ihm heulte eine Reihe von Alarmsirenen auf. Er hatte keine Wahl, als sofort zurückzurufen, auch wenn die Zeit eilte.

»Pielkötter hier, Sie wollten mich sprechen«, kam er schnell zur Sache.

»Moment bitte!« Pielkötter hörte Stimmen im Hintergrund, die nach und nach verstummten. »Ich habe mal eben den Raum gewechselt«, fuhr Dirksen fort. »Zuhörer kann ich im Moment wirklich nicht gebrauchen.«

»Ist was passiert?«

»Ja, und möglicherweise steckt sogar ein Verbrechen dahinter, das mein Chef nicht wahrhaben will. Deshalb möchte ich dringend mit Ihnen reden.« Er seufzte laut. »Aber nicht am Telefon. Ich bin auf der Polizeistation und jeden Moment kann jemand ins Zimmer schneien.«

»Gut, was schlagen Sie vor?«

»Also, bis heute Nachmittag würde ich nicht gerne warten. Dafür ist die Sache zu dringend. Ich kann natürlich verstehen, wenn Sie ...«

»Das lassen Sie mal meine Sorge sein«, fuhr Pielkötter dazwischen. Er musste so schnell wie möglich wissen, was Dirksen auf dem Herzen hatte. »Nennen Sie einfach eine Uhrzeit.«

»Kurz vor zwölf kann ich in die Mittagspause gehen. Wir könnten uns am Eventplatz am Januskopf treffen, dann haben Sie es nicht so weit von der Klinik.«

»Ich werde dort sein«, versprach Pielkötter und verabschiedete sich sehr schnell.

Während des Telefonats war eine ganze Flut von Gefühlen auf ihn eingestürmt. Einige konnte er nicht genau definieren, aber so eine Art Jagdtrieb war garantiert dabei. Zwölf Uhr, überlegte Pielkötter auf dem Weg zur Wassergymnastik. Das hieße, dass er die Gruppentherapie ausfallen lassen musste. Die erste halbe Stunde würde er zwar noch mitbekommen, doch er wollte nicht mittendrin aufstehen und gehen wie Thorsten Sperling. Der Fall hatte ganz klar Vorrang. Und dass es einen solchen gab und er bald mit Dirksen ermitteln würde, stand für Pielkötter so gut wie fest. Für einen Moment zog er in Erwägung, sich bei Juliane Meinertshagen abzumelden. Schließlich entschied er sich für eine nachträgliche Entschuldigung, weil er nicht einschätzen konnte, wie die Therapeutin reagierte. Nachher stolzierte sie direkt zur Klinikleitung und er musste sich dort rechtfertigen, anstatt sich mit Dirksen zu treffen. Nein, der Termin durfte auf keinen Fall platzen.

Die Wassergymnastik tat gut, obwohl Pielkötter nicht richtig bei der Sache war. Seit Dirksen ihn angerufen hatte, wuchs seine Neugier von Minute zu Minute. Endlich war es so weit und er konnte die Klinik in Richtung Januskopf verlassen. Er war gerade erst losgegangen, da rief Dirksen an.

»Tut mir fruchtbar leid«, erklärte er. Die Stimme des jungen Polizisten klang gehetzt. »Der Chef hat gerade eine Sondersitzung wegen einer anderen Sache anberaumt. Mist, ich kann hier unmöglich weg. Ich melde mich, sobald es mir möglich ist.«

Enttäuscht ließ Pielkötter das Smartphone in die Hosentasche gleiten. Und dafür hatte er die Gruppentherapie sausen lassen, was ihm womöglich eine Menge Ärger einbringen würde. Egal, er hatte keine Alternative gehabt. Zudem ging es Dirksen im Augenblick wahrscheinlich schlimmer als ihm. Pielkötter schwankte kurz, dann entschied er, sich einen kleinen Spaziergang am Strand zu gönnen. Nach der Stunde bei Juliane Meinertshagen hatte er sowieso Mittagspause.

32

Juliane Meinertshagen schaute in die überschaubare Runde und verzog das Gesicht.

»Wenn ich das richtig sehe, fehlen zwei Teilnehmer der Gruppentherapie. Herr Pielkötter und Herr Sperling glänzen durch Abwesenheit, und zwar ohne mir vorher Bescheid gegeben oder gar einen Grund genannt zu haben.« Sie schäumte vor Wut. »Sie können natürlich nichts dafür, aber lassen Sie mich das an dieser Stelle ganz deutlich sagen: So etwas dulde ich nicht! Wenn sonst jemand von Ihnen meint, diese Therapie sei nicht so wichtig, wie die anderen Anwendungen, dann sei Ihnen versichert, dass ein Fehlen einige unangenehme Konsequenzen nach sich zieht.«

Wahrscheinlich würde sie am liebsten noch *Verstanden*? hinterherschicken, dachte Björn Teinert. Aber das traute sie sich wohl doch nicht. »Nun, dann möchte ich hier auch mal deutlich werden«, sagte er laut. »Wenn Sie meinen, jemanden anschwärzen zu müssen, weil er mit Sicherheit einen berechtigten Grund hat, hier fernzubleiben, dann beschwere ich mich über Sie. Und ich bin ziemlich sicher, dass ein Schreiben mit etlichen Beispielen für Ihre Inkompetenz auch von anderen Mitgliedern dieser Gruppe unterzeichnet wird.« Er schaute sich um. Oliver Hesseholt nickte und selbst Magdalena Kiesewetter schloss sich dem nach einigem Zögern an. Offensichtlich fand sie, dass Juliana Meinertshagen ihren literarischen Höhenflügen zu wenig Beachtung schenkte.

Die Gesichtsfarbe der Therapeutin driftete in Richtung Dunkelrot. »Ich würde Sie nachher noch einmal gerne persönlich sprechen«, zischte sie Björn Teinert zu.

»Oh ein Rendez ...«, er stoppte abrupt. Vielleicht war es doch nicht so geschickt, neues Öl ins Feuer zu gießen? Schließlich ging es ihm im Moment nur darum, seine beiden sympathischen Mitpatienten Pielkötter und Sperling aus der Schusslinie zu bringen.

»Nun, nachdem das geklärt ist, können wir ja endlich mit der Gruppentherapie beginnen. Herr Teinert, ich erteile Ihnen hiermit das Wort. Welche Probleme haben Sie außer Ihrem ...«

Björn Teinert hätte zu gerne gewusst, ob sie einen Vorwurf gerade noch runtergeschluckt hatte. Eine Bemerkung über sein loses Mundwerk, sein impertinentes Auftreten oder seine Arroganz? Aber er hatte keine Zeit lange darüber nachzudenken, denn sie präzisierte ihre Frage.

»Bitte schildern Sie uns die Schwierigkeit, die Sie am meisten bewegt.«

»Eigentlich fühle ich mich superwohl, wenn ich von meinen Kniebeschwerden absehe«, antwortete er nach einer Weile. »Größere Probleme habe ich sonst nicht.« Die wenigen Teilnehmer schien das zufriedenzustellen, nur Juliana Meinertshagen spitzte die Lippen und lächelte schief. »Und uneigentlich?«

»Wie meinen Sie das?«

»Sie sagten gerade, es gebe eigentlich keine Probleme. Und damit schränken Sie diese Aussage ein.«

»Tut mir leid, aber ich wusste nicht, dass in dieser Runde jedes Wort auf die Goldwaage gelegt wird. Ich bin relativ glücklich. Mehr ist dazu nicht zu sagen. Punkt! Aus! Ende! Okay, Sie können das vielleicht nicht verstehen, aber so ist das nun einmal.«

»Und schon wieder schränken Sie Ihre Angaben ein«, entgegnete die Therapeutin mit süffisanter Stimme und säuerlicher Miene. »Relativ, haben Sie gesagt. Sie seien relativ glücklich. Also, nicht ganz glücklich.«

Björn Teinert zog die Augenbrauen hoch. »Ja, *relativ*, aber ich fühle mich damit sehr gut und wenn ich mich nicht hier mit Ihren Wortspielchen herumschlagen müsste, würde ich mich noch viel besser fühlen.« Während er mit diesen Worten seinem Unmut Luft verschaffte, war er immer lauter geworden. Doch dann mäßigte er sich zu seinem eigenen Erstaunen und den nächsten Satz sprach er in normaler Lautstärke aus, vielleicht sogar etwas leiser. »Ich fände es sehr schade, wenn Sie keine Patienten mögen, die ... einfach glücklich sind.« Fast wäre ihm wieder dieses *relativ* herausgerutscht. »Besonders als Therapeutin müssten Sie sich freuen, meine ich, wenn eines Ihrer Schäfchen glücklich ist.« Juliane Meinertshagens Miene führte seine Einschätzung ad absurdum. Sie wirkte, als hätte sie gerade von ihrem Chef eine Standpauke erhalten oder die Entlassungspapiere. »Also, nehmen Sie einfach einen anderen dran, und gut ist«, fuhr Teinert fort. Er versuchte, seinen Ärger ein wenig zu unterdrücken, und schaute sich suchend in der Runde um.

»Wenn es Ihnen recht ist, übernehme ich«, erklärte Oliver Hesseholt, der offensichtlich bemüht war, die Wogen zu glätten.

»Gut, Herr Hesseholt, dann gehen wir heute mal etwas weiter in die Tiefe. Dass es um Ihre Frau und den Verdacht Ihrer Untreue geht, ist uns ja bereits bekannt. Auch dass sie diesen Schwebezustand schon recht lange aufrechterhalten haben.«

33

Sibylle Klocke rauschte in Jonathans Büro und schaute ihrem Mann, der hinter seinem wuchtigen Schreibtisch saß, mit zusammengekniffenen Augen ins Gesicht.

»Weißt du, was allein die dämliche Reparatur von deinem Sportwagen kostet?«, fragte sie mit einer Stimme, die sich fast überschlug. »Dabei ist der Wagen nicht einmal abbezahlt.«

»Schließ erst einmal die Tür«, schnauzte er zurück. »Oder sollen unsere Angestellten jedes Wort mitbekommen?«

Sybille schnaubte, fügte sich jedoch. »Den Wagen hast du dir bei unserer finanziellen Misere wahrlich nicht leisten können. Das Wasser steht uns förmlich bis zum Hals und du schaffst dir einfach so einen teuren Schlitten an.«

»Jetzt sei nicht ungerecht«, erwiderte er mit unterdrückter Wut. »Als ich ihn gekauft habe, wusste ich noch nicht, dass die Heizungsanlage unseres Hotels kaputtgehen würde, und erst recht nicht, dass unser Haus in dieser Saison nicht so ausgelastet sein würde wie die meisten der anderen Norderneyer Unterkünfte.«

»Wundert dich das wirklich?«, fragte sie mit verächtlichem Tonfall. »Die anderen haben in ihre Unterkünfte investiert und du in Autos und deine Spielsucht. Und dann fährst du auch noch den Wagen zu Schrott. Was hast du überhaupt zu schaffen gehabt in der Nordhelmsiedlung?«

»Ich musste einfach raus, ein bisschen rumfahren.«

»Rumfahren, also.« In Sybilles Stimme schwang inzwischen eine gehörige Portion Sarkasmus mit. »Der werte Herr Gemahl, Hotelier der Insel, hatte nichts Besseres zu tun, als auf der Insel rumzujuckeln und die Luft zu verpesten. Einfach so. Aus Langeweile. Als ob es hier im Haus nicht genug Arbeit gäbe.«

»Ich brauchte Abstand. Wollte den Kopf wieder klar bekommen, verstehst du das denn nicht?«

»So, so, um den Deets klar zu bekommen, musstest du dir Küstennebel oder sonst was reinschütten. Und dann bist du steernhageldüün losgedüst. Oder hast du dich erst im Auto besoffen?«

»Hör auf! Wir können froh sein, dass nicht mehr passiert ist.«

»Ja, das können wir wirklich.« Sibylle näherte sich dem Schreibtisch und blieb unmittelbar davor stehen. »Da muss ich dir ausnahmsweise Recht geben. Es hätte wahrlich noch mehr passieren können. Du hast also richtig Glück gehabt.« Sie klang immer noch ein wenig sarkastisch. »Und jetzt will ich auf der Stelle wissen, warum?«

»Warum, was?«

»Warum du dich besoffen hast? Einen ganzen Tag lang bist du kaum ansprechbar, läufst herum wie eine Art Zombie und dann schüttest du dich zu, bis du im Vollrausch einen Unfall baust. Ich kenne deine Macken nur zur Genüge, aber das Saufen gehörte bisher nicht dazu. Also, was ist los?«

»Ich habe es ja auch für dich getan«, murmelte er mehr zu sich selbst.

Ehe sie weiter nachbohren konnte, klopfte es an der Tür.

»Ja bitte!«

»Entschuldigen Sie die Störung«, brachte Klara Sommerfeld die Chefin des Restaurants mühsam hervor. Normalerweise wirkte sie nicht gerade auf den Mund gefallen, aber offensichtlich hatte sie etwas von dem Streitgespräch mitbekommen und es war ihr peinlich dazwischenzuplatzen. »Ich, also, ich brauche dringend eine Unterschrift. Hermann nimmt gleich die Post mit. Es geht um die Weinbestellung.«

»Wir sprechen uns heute Abend noch«, erklärte Sybille mit Blick auf ihren Mann, dann verließ sie hoch erhobenen Hauptes das Büro.

34

Arne Dirksen hatte sich nachmittags erneut gemeldet. Inzwischen kam es auf ein paar Minuten auch nicht mehr an und sie hatten vereinbart, sich nach Pielkötters Anwendungen zu treffen. Nun schlenderten beide die Promenade am Nordbadestrand entlang. Sie liefen stadtauswärts, wie es Dirksen vorgeschlagen hatte. Offensichtlich war ihm daran gelegen, ohne Zuhörer mit Pielkötter reden zu können.

»Ich muss mich wirklich noch einmal bei Ihnen entschuldigen«, erklärte Dirksen. »Es ist mir so peinlich, dass Sie meinetwegen eine Therapie verpassen und dann sage ich kurzfristig ab.«

»Was war denn los?«

»In einem unserer Keller sind Akten mit sensiblen Daten gefunden worden, die dort nicht hingehören. Und da der Chef uns gerade so schön für einen Anschiss zusammengetrommelt hatte, hat er den Zeitpunkt gleich für eine Dienstbesprechung genutzt. Anschließend gab es noch einen Diebstahl bei einem Juwelier, den ich aufnehmen musste.«

»Schon okay«, antwortete Pielkötter. »Aber jetzt bin ich richtig neugierig, zu erfahren, warum Sie sich überhaupt so schnell mit mir treffen wollten. Seit Ihrem Anruf heute Nachmittag habe ich pausenlos darüber nachgedacht. Ich nehme an, es geht um einen neuen Fall.«

»Wie man es nimmt. Wenn es nach meinem Chef geht, liegt kein größeres Verbrechen vor, das die Polizei angehen könnte, ich denke allerdings ganz anders darüber.«

Pielkötters Neugier wuchs. Allerdings musste er sich noch etwas gedulden, da ihnen ein Paar mittleren Alters entgegenkam, das auf ihrer Höhe stehen blieb.

»Moin, Arne«, grüßte die Frau.

»Moin«, schickte der Mann hinterher und tippte an seine blaue Schirmmütze. »Na, privat unterwegs oder auf Verbrecherjagd?« Er grinste breit.

Arne Dirksen versuchte zu lächeln, was ihm jedoch nicht einmal ansatzweise gelang.

»Arne hat sicher zu tun und du solltest nicht so neugierig sein«, sagte die Frau mit tadelnder Stimme. »Außerdem müssen wir uns beeilen. Wir sind sowieso schon spät dran.«

Die beiden verabschiedeten sich nun recht schnell und Pielkötter atmete auf. Für Dirksen galt das anscheinend auch.

»Vielleicht haben Sie vom Tod eines auf Norderney sehr erfolgreichen und bekannten Immobilienmaklers gehört. Mario Immenhoff war sein Name. Das Norderneyer Tageblatt hat darüber berichtet.«

»Nein. Trotzdem sagt mir der Name was. Ich habe Immenhoff vor kurzem in seinem Büro aufgesucht.«

»Wieso?« Dirksen wirkte irritiert.

»Ich wollte mich nach einem kleinen Appartement umsehen, die Preise sind mir jedoch zu hoch.« Pielkötter seufzte. »Und jetzt ist er tot, sagen Sie? Der Mann war doch noch relativ jung. Hängt das womöglich mit dem Unfall zusammen, den er kurz zuvor gehabt hat? Zumindest erinnere ich mich daran, dass Immenhoff gehumpelt hat, und er nicht so recht damit herauswollte, wie es genau passiert ist. Erst Unfall, dann Tod, irgendwie kommt mir das recht sonderbar vor. Zumal ich unfreiwillig ein Gespräch im Strandkorb mitbekommen habe. Dabei ging es um jemanden, den einige auf der Insel wohl am liebsten hängen wollten. Und ich meine, der hätte Immenhoff geheißen, bin mir aber nicht ganz sicher. Deshalb habe ich mir weitere Gedankenspiele verboten. Alles zu hinterfragen, ist ja nun einmal eine Berufskrankheit, die zuweilen paranoide Züge annehmen kann.«

»Nicht in diesem Fall«, erwiderte Arne Dirksen sehr ernst. »Ich glaube, da steckt wirklich was hinter. Und die Sache mit dem Unfall erhärtet meinen Verdacht, dass bei Immenhoffs Tod höchstwahrscheinlich jemand nachgeholfen hat.«

»In der Zeitung stand, er sei in seiner Sauna gestorben.«

»Genau. Das Dumme ist nur, dass der Arzt einen natürlichen Tod bescheinigt hat und mein Chef diese Einschätzung nur allzu gerne glaubt.« Dirksen drehte sich ein wenig zur Seite und sah Pielkötter in die Augen. »Immenhoff hat direkt vor der Tür gelegen. Die rechte Handkante wies ein Hämatom auf. Ich möchte wetten, dass der Mann mit den Fäusten gegen das Holz gehämmert hat. Der wollte aus der Sauna raus und konnte nicht.«

»Interessant, sehr interessant.«

»Außerdem haben wir in einem der Kellerräume eine Mütze mit Seeschlitzen gefunden. Lübben meint, der Mörder wäre doch nicht so dumm gewesen, die einfach liegenzulassen.«

»Ich gehe davon aus, dass Sie die Mütze gesichert haben.«

»Klar«. Zum ersten Mal seit der Unterredung wirkte Dirksen etwas entspannt. »Möglicherweise kann sie ja später doch noch als Beweisstück dienen.«

»Wer hätte denn ein Motiv gehabt, den Immenhoff umzubringen? Außer den beiden Männern im Strandkorb und diejenigen, von denen sie erzählt haben.«

»Das ist es ja gerade.« Dirksen kickte einen kleinen Stein nach vorne, der mitten auf der Promenade lag. »Gleich eine ganze Reihe von Leuten. Abgesehen von Knuth und Sören Hinrichsen, die Immenhoff um ihr Erbe betrogen hat, gibt es zwei größere Personenkreise. Die erste Gruppe bilden etliche Damen, die der Tote auf unschöne Weise abserviert hat, und obendrein wohl ein paar gehörnte Partner der Frauen, die liiert waren, als Immenhoff sie flachgelegt hat. In der zweiten finden sie Geschäftsmänner und Hoteliers der Insel, von denen Sie wahrscheinlich zwei sprechen gehört haben.« Dirksen fuhr sich mit seiner Hand mehrmals durch das dichte kurze Haar. »Vielleicht haben Sie schon mal was von der Norderneyer Mall gehört?«

Pielkötter nickte. »Immenhoffs neues Lieblingsprojekt war zwar erst in der Planungsphase, trotzdem hat er damit bereits etliche Leute gegen sich aufgebracht. Möglicherweise kommen noch einige Umweltschützer dazu, die ich bisher noch nicht mitgezählt habe.«

»Und wie sieht es mit den Erben aus?«, fragte Pielkötter sichtlich gespannt.

»Endlich mal jemand, den man als Täter ausschließen kann. Wir haben inzwischen herausgefunden, dass eine gemeinnützige Organisation das nicht gerade unbeträchtliche Vermögen des Toten erbt. Und seine Zugehfrau Friederike Hanussen erhält einen kleinen Betrag, aber dafür lohnt es sich nicht jemanden umzubringen. Erst recht nicht, wenn man dadurch seinen guten Arbeitsplatz verliert. Außerdem war die Frau völlig fertig. Anscheinend hat sie eine nette Seite von Immenhoff gekannt. Jedenfalls lege ich für sie meine Hand ins Feuer.«

Vorsicht, dachte Pielkötter, sprach es jedoch nicht laut aus. »Gibt es denn keine Verwandten?«, fragte er stattdessen.

»Wohl nicht. Und die gemeinnützige Organisation wickelt die Erbangelegenheiten ab.«

»Da es keine Ermittlungen gibt, haben Sie jetzt nicht einmal die Chance, noch einmal an den Tatort … eh, ich meine, in Immenhoffs Haus zu kommen.«

»Leider. Deshalb hoffe ich auch, dass Sie mir irgendeinen Tipp geben können, wie man trotzdem inoffiziell ermitteln kann. Mich an Lübben vorbei an Aurich/Wittmund zu wenden, kommt für mich jedenfalls nicht infrage.«

»Das verstehe ich«, antwortete Pielkötter nachdenklich. Seine Hand griff ans Kinn und knetete es, als wolle er dort extrem die Durchblutung fördern. »Friederike Hanussen besitzt doch noch einen Schlüssel«, fuhr er nach einer Weile des gemeinsamen Schweigens fort. »Was halten Sie davon, wenn wir der Dame zusammen einen Besuch abstatten? Da sie ihrem Arbeitgeber gegenüber ja positiv eingestellt war und nicht zu den Verdächtigen zählt, dürfte nichts dagegen sprechen, wenn wir beide uns einmal gründlich umsehen am …«, Pielkötter unterbrach sich kurz, um eine angemessene Formulierung zu wählen, »am Fundort der Leiche.« Fast wäre ihm wieder »Tatort« herausgerutscht.

Dirksens Miene hellte sich auf. »Dass ich auf diese Idee nicht selbst gekommen bin. Aber immerhin habe ich gewusst, dass Sie mir weiterhelfen würden.« Er zog den Ärmel seines Jacketts etwas höher und schaute auf seine Armbanduhr. »Es ist noch nicht so spät. Was halten Sie davon, wenn wir Friedericke Hanussen sofort einen Besuch abstatten?«

Pielkötter zögerte. »Wohnt sie weit von hier?«

»Nein, wenn wir uns beeilen, sind wir in spätestens zwanzig Minuten dort.«

»Gut. Meine Klinik wird zwar um zweiundzwanzig Uhr verriegelt, aber selbst wenn wir es heute nicht mehr schaffen sollten, uns in Immenhoffs Haus umzusehen, könnten wir mit Frau Hanussen schon einmal einen Termin ausmachen.«

Für den Weg brauchten sie etliche Minuten weniger, als Dirksen angenommen hatte. Als Dirksen auf die Klingel drückte, ging Pielkötters Atem schneller. Auf was ließ er sich da ein? Würde man ihm einen Strick daraus drehen, dass er sich schon wieder in etwas einmischte, wofür er erstens nicht zuständig war und das zweitens seiner Gesundheit wahrscheinlich eher nicht gut bekommen würde. Allerdings hatte er keine Wahl. Da seine Spürnase bereits Witterung aufgenommen hatte, gab es kein Zurück. Außerdem konnte er Dirksen kaum hängen lassen. Den Fall ohne seinen Vorgesetzten und ohne offizielle Ermittlungen zu lösen, war ohnehin schwer genug, wenn nicht gerade unmöglich.

Dirksen schellte inzwischen zum dritten Mal, trotzdem rührte sich niemand. Hoffentlich ist der Frau nichts passiert, geisterte es automatisch durch Pielkötters Kopf, aber dann rief er sich zur Räson, nicht gleich überall ein Verbrechen zu vermuten.

»Sofern Sie zu Friederike Hanussen wollen, müssen Sie zwei Häuser weiter bei Köster klingeln«, erklärte eine auffällig geschminkte Frau Ende dreißig, Anfang vierzig mit Stöckelschuhen. »Dort findet heute eine Feier statt. Die Daniela hat nämlich Geburtstag. Ich bin auch eingeladen. Kommen Sie doch einfach mit.«

»Ich weiß nicht«, antwortete Dirksen nicht gerade begeistert.

»Da wollen wir besser nicht stören«, pflichtete ihm Pielkötter bei.

»Na, dann kann man nichts machen. Oder soll ich Friederike etwas ausrichten?«

»Nee, nee schon in Ordnung. Und vielen Dank.«

Nachdem die Frau verschwunden war, wandte sich Dirksen an Pielkötter. »Mist, was? Warum muss die Daniela ausgerechnet heute Geburtstag haben?«

»Kennen Sie die persönlich?«

»Ja, das kann man wohl sagen. Die hat schon mal randaliert. Eigentlich eine ganz liebe Frau, aber wenn die einen über den Durst getrunken hat, kann man bei ihr für nichts garantieren. Auch heute geht es da bestimmt hoch her. Die haben wahrscheinlich alle schon einen im Tee. Ohne einen Mindestpromillegehalt lässt die Daniela da niemanden raus. Anders ist die Feier wahrscheinlich auch nicht zu ertragen.« Dirksen unterbrach seinen Redefluss und schaute unsicher zu Pielkötter hinüber. »Ich hoffe, ich habe jetzt keinen Fehler begangen … Es wäre ja sinnvoll, so früh wie möglich den Tatort zu untersuchen, wenn es einer ist. Aber ich kann mir kaum vorstellen, dass wir Friederike Hanussen heute zur Herausgabe des Schlüssels hätten überreden können. Und selbst wenn, hätte ich mich dabei nicht wohlgefühlt. Schließlich soll sie hinter der Aktion stehen und nicht im besoffenen Kopf von uns überredet werden.«

»Da machen Sie sich mal keine unnötigen Gedanken«, erwiderte

Pielkötter. »Sie haben vollkommen richtig gehandelt, zumal Sie ja auch keinen Staub aufwirbeln wollen. Wären wir bei der Feier aufgelaufen, wäre bestimmt etwas durchgesickert. Am besten versuchen Sie, morgen früh mit ihr zu telefonieren und kündigen unseren Besuch in der Mittagszeit an. Ich hoffe, die Dame hat nichts anderes vor.«

»Können Sie denn über Tag einfach so aus der Klinik fort?«

»Wir haben am Samstagnachmittag keine Anwendungen und die Mahlzeit kann ich notfalls ausfallen lassen.«

»Der Fall geht vor, was?« In Dirksens Miene zeigte sich der Anflug eines Lächelns, wurde aber sofort wieder sehr ernst. »Egal, welchen Ärger Sie dadurch bekommen.«

35

Verstohlen betrachtete Simone Terhaven ihren Chef Gonne Mackenbrock, in den sie sich heimlich verliebt hatte. Es war bereits früher Abend. Mackenbrock saß immer noch im Büro seines Hotels in exzellenter Lage mit Meerblick. Vor ihm lag die letzte Monatsabrechnung. Simone Terhaven stand neben seinem Schreibtisch, um die nächste Anweisung entgegenzunehmen.

»Die Auslastung unseres Betriebes kann sich wirklich sehen lassen«, bemerkte Mackenbrock nicht ohne einen gewissen Stolz. »Im Vergleich zum Vorjahr ergibt sich eine Steigerung von fast zehn Prozent.«

»Ich bin sicher, die Tendenz hält an«, erwiderte sie, wobei sie ihm ein strahlendes Lächeln schenkte.

»Wieso gehen sie so selbstverständlich davon aus?«, fragte er halb amüsiert, halb irritiert.

»Nun ja, immerhin liegt die Norderneyer Mall nach Immenhoffs Tod praktisch auf Eis. Meiner Meinung nach das einzige Projekt, das eine positive Entwicklung hätte aufhalten können.«

»Damit haben Sie sicherlich Recht«, pflichtete er ihr bei. »Die Chancen stehen gut, und zwar nicht nur für uns.«

Plötzlich klopfte jemand an der Tür. Ehe Mackenbrock reagieren konnte, rauschte Anja Sebald, die Empfangsdame, die eigentlich an der Rezeption sitzen sollte, ins Büro. »Entschuldigung, ich weiß, dass Sie bei der Abrechnung sind und nicht gerne gestört werden wollen«, erklärte sie mit schuldbewusster Miene. »Aber dieser Brief ist gerade für Sie abgegeben worden, und der Bote meinte, es sei dringend.« Neugierig sah Simone Terhaven auf den braunen Umschlag in ihrer Hand.

»Na, dann geben Sie mal her.«

Anja Sebald durchquerte mit schnellen Schritten den Raum, bis sie vor seinem hypermodernen monströsen Schreibtisch aus bunten Kunststoffteilen und Aluminium stand. »Hier, bitte, Herr Mackenbrock«, sagte sie höflich und überreichte ihm die Post. »Dann beeile ich mich gleich wieder, um beim Einchecken der Gäste zu helfen. Mit der letzten Fähre ist ein ganzer Schwung angekommen. Aber wie gesagt, der Bote meinte, es sei dringend.«

Nachdem sie das Büro verlassen hatte, wendete Mackenbrock den Briefumschlag in seinen Händen und betrachtete ihn genau. Seine Adresse stand auf einem Aufkleber und war mit Computer geschrieben. Einen Absender fand er jedoch nicht. Seltsam, überlegte Simone Terhaven und auch ihr Chef schien zu grübeln. Was mochte so dringend sein, dass der Schreiber den Postdienst umgangen hatte? Auf jeden Fall kam der Brief von der Insel. Der Bote würde ja wohl kaum extra mit der Fähre übergesetzt haben. Mackenbrock wirkte nun sehr bleich und auf seiner Stirn bildeten sich etliche Schweißperlen. Sie konnte sich keinen Reim darauf machen, zumal er den Brief nicht einmal geöffnet hatte. Offensichtlich befürchtete er eine Hiobsbotschaft. Mackenbrock wischte den Schweiß fort und atmete mehrmals tief durch. Schließlich schickte er sich an, den Umschlag aufzureißen, hielt aber mitten in der Bewegung inne und wandte sich zu ihr.

»Ich denke, wir kümmern uns morgen weiter um die Abrechnung«, sagte er mit seltsam heiserer Stimme. »Sie können gehen, Simone.«

»Gut, wenn Sie mich später brauchen ... Sie wissen ja, wo Sie mich finden.«

Während sie den Raum durchquerte, rotierte es in ihrem Kopf. Was war nur mit ihrem Chef los? Es war das erste Mal, dass er sie beim Vornamen genannt hatte, und er hatte noch niemals einen so konfusen Eindruck auf sie gemacht. An der Tür drehte sie sich um. Mackenbrock riss gerade den Umschlag auf und zog ein Blatt heraus. Während er darauf starrte, wurde er noch eine Spur bleicher. Seine Hände zitterten. Er wird erpresst, fuhr es plötzlich durch Simone Terhavens Kopf. Im nächsten Moment kam ihr das absurd vor, aber eine andere Erklärung fiel ihr nicht ein.

36

Miriam Steinhagen hämmerte mit beiden Händen so heftig gegen die Haustür, dass es schmerzte. Zuvor hatte sie erfolglos die Klingel betätigt. Dabei war sie sicher, dass ihre Freundin Svenja Dahlmann sich in der Wohnung aufhielt. Die Vorhänge waren trotz der Mittagszeit noch nicht aufgezogen und auf der Arbeit hatte sich Svenja vor zwei Tagen krankgemeldet. Leider ging sie nicht ans Telefon und reagierte auf keine Nachricht.

»Ich weiß genau, dass du hinter der Tür stehst«, schrie Miriam so laut, dass es alle Hausbewohner hören mussten. »Und wenn du jetzt nicht sofort öffnest, verständige ich die Polizei. Ich verklickere denen, dass du dir was antun wolltest, und dann hast du keine Chance mehr, dich einfach zu verschanzen.« Miriam holte dreimal tief Luft und wollte zu einer neuen Drohung ansetzen, da wurde die Tür plötzlich aufgerissen.

»Gib endlich Ruhe«, sagte Svenja, die nun mit bleichem Gesicht und Bademantel im Rahmen auftauchte. Ihre Haare wirkten fettig, die Augen müde, als ob sie die letzten Nächte kaum geschlafen hätte.

Miriam drängte sich ohne weitere Worte an ihr vorbei. Im winzigen Wohnraum ließ sie sich auf einem blauen Zweisitzer von Ikea nieder.

Svenja folgte ihr und nahm in einem Schaukelstuhl Platz. »Was willst du?«, fragte sie tonlos.

»Ich will wissen, was mit dir los ist. Warum meldest du dich nicht? Ich habe versucht, dich auf dem Handy zu erreichen, auf dem Festnetzanschluss und per Mail. Und du … du rührst dich einfach nicht. Hältst es nicht für nötig, mir ein paar Worte zu gönnen?«

»Das geht nur mich etwas an«, erklärte Svenja. »Du könntest das sowieso nicht verstehen.«

»Mensch, ich bin deine Freundin.« Miriam klang nun sichtlich enttäuscht. Seufzend blickte sie zu der halb leeren Flasche Rotwein auf dem Couchtisch, dann sah sie Svenja direkt ins Gesicht. »Es ist wegen Mario Immenhoff, nicht wahr? Du verkraftest nicht, dass er tot ist.« Als Miriam den Namen erwähnte, zuckte Svenja leicht zusammen. »Aber darüber kannst du mit mir doch reden. Okay, ich habe den Typen nie leiden können und ich habe ihn dir auszureden versucht. Allerdings kann ich verstehen, dass es schwer für dich ist, sich mit seinem Tod auseinanderzusetzen. Auf Tote kann man schlecht wütend sein, stimmt's?«

Svenja verzog das Gesicht, dann fing sie hemmungslos an zu weinen. Miriam stand vom Sofa auf und ging zu ihr hinüber. Mitfühlend legte sie ihr einen Arm um die Schultern.

»Ich … ich«, stammelte Svenja, nachdem sie sich etwas beruhigt hatte. »Nein, ich kann nicht.«

»Du musst mir nichts erklären«, erwiderte Miriam. »Lass dich einfach nur trösten.«

37

Pielkötter stöhnte. Warum musste es gerade in der Norderneyer Klinik hinterm Deich auch an Samstagen vereinzelt Anwendungen geben? Bisher war er davon nicht betroffen gewesen, aber ausgerechnet heute, wo er einen Anruf von Dirksens erwartete. Den ganzen Morgen über ließ er sein Smartphone angeschaltet, obwohl das während der Therapiestunden strengstens verboten war. Er wollte aber sofort wissen, wenn Dirksen mit Friederike Hanussen einen Termin ausgemacht hatte. Nur bei der Wassergymnastik war es natürlich schlecht, das Handy bei sich zu tragen. Pielkötter konnte es deshalb kaum erwarten, aus dem Becken zu steigen und nach dem Duschen wieder in die Umkleidekabine zu kommen. Dort schaute er zuerst auf das Display. Bisher war kein Anruf eingegangen. Pielkötter zog sich eilig an, schnappte seine Sporttasche und lief zu der Abteilung, in der er zur Physiotherapie angesagt war. Marcus erwartete ihn bereits.

»Na, dann wollen wir mal«, sagte er zur Begrüßung. »Haben die Übungen, die ich Ihnen beim letzten Mal gezeigt habe, schon etwas gebracht?« Die Progressive Muskelentspannung nach Jakobson erwähnte er zum Glück nicht mehr.

»Wenn sie umso wirkungsvoller sind, je stärker sie schmerzen, habe ich meine volle Schlagkraft bald wieder«, scherzte Pielkötter, obwohl das eigentlich nicht seine Art war. Bei Marcus fiel ihm diese ungewohnte Lockerheit allerdings leicht.

»Dann prüfe ich gleich mal, ob die Bewegungseinschränkungen zurückgegangen sind.« Der Therapeut war intensiv damit beschäftigt, Pielkötters Arm mit der kranken Schulter in alle möglichen Richtungen zu drehen, da klingelte Pielkötters Smartphone. Marcus verdrehte die Augen. »Muss das jetzt sein?«

»Bitte, es ist sehr wichtig«, sagte Pielkötter. »Es geht wirklich ganz schnell.«

»Wie Sie meinen, aber ich finde, dass die Gesundheit vorgehen sollte.«

Pielkötter griff in die Hosentasche seines Trainingsanzugs und nahm das Gespräch an. »Moin, Arne Dirksen hier. Ich habe Frau Hanussen erreicht und sie ist bereit, mit uns zu reden. Wir sollen um zwölf Uhr dreißig zu ihr kommen. Geht das für Sie in Ordnung?«

»Perfekt«, antwortete Pielkötter. »Wir treffen uns dann vor ihrer Haustür. Ich weiß ja, wo sie wohnt. Und jetzt muss ich Schluss machen. Bin gerade bei meinem Lieblingstherapeuten. Bis später.«

Das mit dem Lieblingstherapeuten war ihm so herausgerutscht. Und es stimmte ja auch, zumindest, was die männlichen Klinikangestellten betraf. Er hatte es nicht gesagt, um Marcus zu schmeicheln.

»So, und jetzt nimmt Ihr Lieblingstherapeut Sie zur Strafe mal richtig schön ran.«

Auch dieser Satz war ernst gemeint, wie Pielkötter in der nächsten halben Stunde feststellen musste.

Pielkötter erblickte in der Ferne die schlanke Gestalt und den blonden Haarschopf von Arne Dirksen und erhöhte sein Tempo. Als er den jungen Polizisten erreichte, ging sein Atem um einiges schneller.

»Zwei Minuten zu früh, aber erst einmal Moin.«

»Ich bin schon sehr gespannt«, erwiderte Pielkötter statt einer Begrüßung.

Zusammen wandten sie sich zu dem Haus, in dem Friederike Hanussen die erste Etage bewohnte. Sie brauchten nicht lang auf Einlass zu warten. Kurz nachdem Dirksen die Klingel betätigt hatte, ertönte der Summer.

»Das ist übrigens Hauptkommissar Pielkötter«, stellte Dirksen ihn vor, als sie die Wohnung betraten.

»Kommt denn Klaas Lübben nicht?«, fragte Immenhoffs Zugehfrau irritiert.

»Ja ... hm ... ach, wie soll ich das jetzt am besten erklären«, kam Dirksen ins Schleudern. »Um ganz offen zu sein ... Lübben weiß nichts von unserem Besuch bei Ihnen. Und wenn das irgendwie möglich ist, wäre es sehr gut, wenn das auch so bliebe.«

»Du liebe Zeit, das hört sich ja richtig geheimnisvoll an«, sagte Friederike Hanussen und strich sich eine Haarsträhne nach hinten. Pielkötter erschien sie gefasster, als Dirksen sie beschrieben hatte. »Kommen Sie doch erst einmal in die gute Stube, dann können Sie mir in Ruhe alles erklären. Am Telefon wollten Sie ja nicht mit der Sprache heraus.«

Sie folgten ihr in einen recht kleinen, sehr gemütlichen Raum. Das Sofa mit dunkelgrünem Samtbezug schien noch aus einer anderen Zeit zu sein und den zweitürigen Wohnzimmerschrank mit verzierten milchigen Glasscheiben im oberen Teil und gedrechseltem Holz hatte die Frau ganz bestimmt geerbt. Alles wirkte äußerst sauber und fast penibel aufgeräumt. Extra für sie? In Duisburg hatte er zuweilen andere Wohnungen kennengelernt, selbst wenn er seinen Besuch angekündigt hatte.

»Darf ich Ihnen etwas anbieten, einen Tee zum Beispiel? Und die Kekse dort in der Schale sollten Sie unbedingt probieren. Ein Rezept meiner Großmutter. Die sind mit Vollkornmehl, Haferflocken und Ingwer gebacken.«

Dirksen wechselte mit Pielkötter einen Blick. »Wir haben wenig Zeit«, sagte er.

Und Pielkötter nickte.

»Na, dann schießen Sie mal los«, erwiderte sie, nachdem sie alle Platz genommen hatten.

Dirksen räusperte sich. »Also, zuerst einmal zu Lübben. Er vertritt die Ansicht, dass Mario Immenhoff eines natürlichen Todes gestorben ist.« Friederike setzte sich kerzengerade hin und schaute gespannt, wenn nicht gar schockiert zu dem jungen Polizisten hinüber. »Mag durchaus sein, dass er mit seiner Einschätzung richtig liegt, aber ich bin da nicht so hundertprozentig sicher. Mir lässt der Tod Ihres Arbeitgebers einfach keine Ruhe.«

»Sie meinen ... da hat jemand nachgeholfen?«, stammelte Friederike Hanussen mit bleichem Gesicht. »Das ist ja furchtbar.«

»Nun, wie gesagt, wir haben erst einmal einen ganz vagen Anfangsverdacht, mehr nicht. Aber ich würde mich gerne vergewissern. Deshalb habe ich Hauptkommissar Pielkötter eingeschaltet, der gerade auf unserer Insel eine Reha macht. Er verfügt über sehr viel Erfahrung und hat mich schon einmal bei einem Fall unterstützt.« Eigentlich er mich, dachte Pielkötter, sprach es jedoch nicht laut aus. »Es würde uns sehr helfen, wenn wir uns gemeinsam in Immenhoffs Villa umsehen könnten, speziell in dem Keller mit der Sauna, in der ihr Arbeitgeber gestorben ist. Sie besitzen doch noch einen Schlüssel, oder?«

»Ja, tatsächlich. Mich hat bisher niemand aufgefordert, ihn abzugeben.«

»Würden Sie uns also noch einmal in die Villa lassen?«

Friederike Hanussen schien angestrengt zu überlegen. Möglicherweise glaubte sie, sich damit gegen Lübben zu stellen, und das war ihr unangenehm. Pielkötter befürchtete, sie könne Lübben kennen, möglicherweise besser als Dirksen. »Selbstverständlich dürfen Sie dabei anwesend sein und uns über die Schulter schauen«, versuchte er, sie zu beruhigen. Vielleicht traute sie ihm nicht. Er zeigte ihr seine Dienstmarke, die er wohlweislich eingesteckt hatte. Tatsächlich studierte sie die genau, was er ihr jedoch kaum verübeln konnte.

»Mein seliger Mann hat früher mit Klaas Karten gespielt«, fühlte sie sich offensichtlich zu einer Erklärung verpflichtet. »Deshalb fällt es mir schwer, etwas hinter seinem Rücken zu tun.« Sie seufzte mehrmals. »Aber natürlich bin ich es auch meinem verstorbenen

Arbeitgeber schuldig, dass die genauen Umstände seines Todes restlos aufgeklärt werden.«

Pielkötter atmete auf und griff nach einem Plätzchen. Erst jetzt bemerkte er, dass sein Magen knurrte. Schließlich hatte er seit dem Frühstück nichts mehr zu sich genommen und das war bereits etliche Stunden her.

»Sofern wir keine weiteren Hinweise finden, braucht Lübben ja nicht zu erfahren, dass Sie uns geholfen haben. Und wenn tatsächlich ein Verbrechen vorliegt, kann er keinen großen Wirbel machen. Schließlich hat er dann einen Fehler begangen, den wir ausbügeln mussten.«

»Wann wollen Sie denn in die Villa?«, fragte Friederike Hanussen, wobei sie von einem zum anderen blickte.

»So früh wie möglich«, antwortete Pielkötter. »Die Zeit arbeitet bei einem Fall immer gegen die Aufklärung.«

Erneut schien sie angestrengt nachzudenken. »Gut«, sagte sie schließlich. »Von mir aus brechen wir sofort auf.«

»Ist das okay, für Sie?«, sprach Dirksen Pielkötter an. Pielkötter nickte. »Wir brauchen nicht zu Fuß gehen. Ich bin mit dem Wagen gekommen«, sagte Dirksen, und Pielkötter fiel wieder ein, dass er eine Ausnahmegenehmigung besaß und selbst in der autofreien Zone fahren durfte.

Zu Pielkötters Erstaunen parkte Dirksen direkt vor Immenhoffs Garage, was aber den Vorteil hatte, dass sein Privatwagen von der Straße aus nicht zu sehen war. Wahrscheinlich hatte er den Stellplatz deshalb gewählt. Friederike Hanussen stieg als Erste aus und schloss die Haustür auf.

Sie folgten ihr. Als sie sich zu ihnen umdrehte, standen Tränen in ihren Augen. Die Frau ist keine Mörderin, schoss es durch Pielkötters Kopf, obwohl er sich und anderen gerne verbot, voreilige Schlüsse zu ziehen. Friederike Hanussen jedoch müsste schon eine wahnsinnig gute Schauspielerin sein, wenn sie ihn täuschen konnte. Außerdem hatte sie sich kooperativ gezeigt, obwohl es für sie sehr einfach gewesen wäre, Dirksens Bitte abzulehnen. Im Eingangsbereich roch es stickig, so als sei länger nicht gelüftet worden. Dabei war Immenhoffs Tod erst drei Tage her. Während sie die breite Kellertreppe hinunterstiegen, fühlte sich Pielkötter plötzlich wie im Dienst. Das hatte er so lange vermisst. Alle seine Sinne waren geschärft. Selbst die Gerüche nahm er intensiver wahr.

Auf der letzten Treppenstufe deutete Dirksen mit dem Zeigefinger zu einer hinteren Tür. »In dem Abstellraum habe ich übrigens eine Wollmütze mit Sehschlitzen gefunden«, wandte er sich an Frau Hanussen. »Vielleicht haben Sie die schon einmal gesehen. Ach ja, und ein Putzeimer stand umgedreht auf dem Boden.«

»Ich habe dort bestimmt keinen Eimer so hingestellt und kann mir nur schwer vorstellen, dass Herr Immenhoff in dem Vorratskeller gewesen ist. Wozu hätte er den auch aufsuchen sollen? Und ich habe auch keine Ahnung, was das für eine Mütze sein soll und wie sie dort hingekommen ist.«

»Gut, ich werde sie Ihnen schnell zeigen. Möglicherweise kennen Sie die ohne Sehschlitze.« Dirksen öffnete die Aktentasche, die er aus dem Kofferraum seines Wagens mitgenommen hatte. Nach einer kurzen Suchaktion fischte er einen Klarsichtbeutel heraus und hielt ihn Friederike Hanussen hin.

»Also, Herr Immenhoff und diese fiese Wollmütze, ich bitte Sie. Das passt doch gar nicht zu ihm. Der hat immer so viel Wert auf seine Kleidung gelegt.«

Als sie den Kellerraum betraten, in dem der Tote gestorben war, verstärkte sich Pielkötters Gefühl, einen Tatort zu betreten.

»Wenn Sie nichts dagegen haben, lasse ich Sie jetzt hier unten allein«, erklärte Friederike Hanussen mit belegter Stimme. In ihren Augen glitzerte es wieder verdächtig. »Ich setze mich oben ins Wohnzimmer und warte auf Sie.«

Während Dirksen nickte, zog er Handschuhe aus einer Aktentasche und hielt Pielkötter ein Paar hin. Nachdem Friederike Hanussen aus dem Raum verschwunden war, steuerte er sofort auf die Sauna zu und öffnete die Holztür. Sie ging nach außen auf. »Wie ich Ihnen bereits erzählt habe, hat Immenhoff direkt dahinter gelegen, als habe er noch rausgewollt, es aber nicht geschafft. Es wäre also denkbar, dass jemand die Tür versperrt hat, bis Immenhoff tot war. Nur wie?«

Pielkötter sah sich um. Auf den ersten Blick konnte er keine Möbelstücke entdecken, die geeignet gewesen wären, den Toten am Verlassen der Sauna zu hindern. Schließlich war Immenhoff ein recht großer kräftiger und zudem durchtrainierter Mann gewesen. »Für die Tat könnte der Türgriff benutzt worden sein«, sagte er laut. »Möglicherweise wurde ein Seil daran festgeknotet. Aber woran könnte das Seil festgebunden worden sein?« Neugierig machte Pielkötter zwei Schritte nach rechts, so dass er den Raum an der Seite der Sauna begutachten konnte. An der gemauerten Wand befanden sich ein kleines Regal mit einer sicher teuren Musikanlage, zwei Halter mit Bademänteln und ein fast ein Meter breiter Handtuchhalter aus Edelstahl, der etwa auf Brusthöhe angebracht war. Pielkötter zeigte darauf: »Was haben wir denn da? Damit sollte es gut möglich sein, die Tür zu verschließen.«

»Ich bin froh, dass Sie das sagen und meine Vermutung nicht für abwegig halten. Das Teil scheint recht stabil zu sein.«

Pielkötter lief weiter, um den Handtuchhalter genau zu betrachten. »Auf jeder Seite mit drei Dübeln befestigt. Das Teil reißt so schnell keiner aus der Wand. Also, wenn das Seil stark genug war, hat Immenhoff keine Chance gehabt, aus der Sauna zu kommen.«

»Ich könnte das Abschleppseil aus meinem Auto holen und wir spielen einen solchen Mord nach.«

»Das wird nicht nötig sein«, entgegnete Pielkötter. »Ich bin auch so davon überzeugt, dass es möglich ist. Außerdem sollten wir besser die Spuren sichern. Vielleicht gibt es noch Faserreste am Türgriff und an dem Handtuchhalter. Ich denke, alles Nötige befindet sich in Ihrer Aktentasche.«

»Ja, ich habe transparentes Klebeband und Spurensicherungsfolie dabei, nur mit der Auswertung wird es schwierig sein«, stöhnte Dirksen. »Die zu veranlassen, ohne Fall und ohne Zuständigkeit, dürfte schier unmöglich sein. Trotzdem will ich nichts unversucht lassen. Womöglich kommen noch mehr Indizien dazu und ich kann Lübben überzeugen, die Kollegen von Aurich/Wittmund einzuschalten.«

»Nun, ich hätte da noch eine andere Idee. Ich könnte meinen Mitarbeiter Barnowski um Hilfe bitten. Allerdings wird es einige Tage dauern, bis das Ergebnis vorliegt. Wir müssen die gesicherten Spuren ja erst einmal nach Duisburg schaffen.«

»Mir ist egal, wie lange es dauert. Versuchen wir es.«

Während Arne Dirksen seine Aktentasche zur Hand nahm, nickte Pielkötter zufrieden. Ihm gefiel Dirksens Hartnäckigkeit, sich an einem vermeintlichen Fall gegen alle Widerstände festzubeißen.

Als sie im Keller die Spuren, die sie für wichtig hielten, gesichert hatten, stiegen sie gemeinsam die Stufen ins Erdgeschoss hoch.

»Ich bin wirklich gespannt, was dabei herauskommt«, sagte Pielkötter.

»Und ich zusätzlich, welchen Ärger ich mir dadurch einhandeln werde.«

»Nun, den kann ich auch bekommen.«

Wenn in dieser Villa wirklich ein Mord geschehen war, würde er Arne Dirksen noch weiter unterstützen und dadurch erneut seine Genesung gefährden. Unwillkürlich schüttelte er den Kopf, als wolle er den Gedanken schnell verscheuchen.

Im Erdgeschoss sahen sie sich suchend um. Abgesehen von dem Eingang gab es drei Türen und nur eine, am Ende des Flurs, war geöffnet. Pielkötter nahm an, dass sich dahinter das Wohnzimmer befand. Da Dirksen darauf zusteuerte, lag er mit seiner Einschätzung offensichtlich richtig. Tatsächlich erspähten sie Friederike Hanussen sofort, als sie den Raum betraten. Sie saß auf einem der beiden wuchtigen Sofas und starrte in trüben Gedanken versunken vor sich hin.

»Wir sind fertig«, erklärte Dirksen.

Sie schaute ihnen entgegen und versuchte zu lächeln. »Ich weiß immer noch nicht, wie es weitergehen soll. Einen besseren Arbeitgeber als Mario Immenhoff finde ich bestimmt nicht mehr. Er hat mir niemals in meine Sachen hineingeredet, war immer korrekt. Und ich bin ja auch nicht mehr die Jüngste.« Mit einem tiefen Seufzer erhob sie sich. »Was rede ich da für blödes Zeug? Mario Immenhoff ist tot, und ich lebe noch, obwohl ich um so viele Jahre älter bin als er. Und dann steht da dieser schreckliche Verdacht im Raum, dass er umgebracht worden ist.« Mit Tränen in den Augen fixierte sie Dirksen. »Hat sich Ihre Vermutung denn nun erhärtet?«

»Wir haben zumindest festgestellt, dass ein Mord durchaus möglich gewesen wäre. Und wir haben Spuren gesichert, die natürlich noch ausgewertet werden müssen. Wenn sich daraus etwas ergeben sollte, haben wir die Aufklärung auf jeden Fall Ihnen zu verdanken.«

»Ja, vielen Dank für Ihre Hilfe«, stimmte Pielkötter ein. »Wenn wir nachweisen können, dass Ihr Arbeitgeber tatsächlich ermordet worden ist, wäre das ohne Sie kaum möglich gewesen.«

»Wahrscheinlich werden Sie das nicht verstehen, aber es gibt mir wieder Auftrieb, etwas für Mario Immenhoff tun zu können. Ganz besonders, wo etliche Leute von der Insel ihn verdammen und genau dort haben wollen, wo er jetzt ist.« Ihre letzten Worte gingen fast in einem Schluchzen unter.

Arne Dirksen erreichte die Frau in wenigen Schritten und umarmte sie. »Wir werden alles in unserer Macht Stehende tun, um seinen Tod aufzuklären. Das versichere ich Ihnen.«

Als sie kurz darauf die Villa verließen, hatte sich Friederike Hanussen wieder einigermaßen gefasst.

»Also, wenn Sie es nicht besonders eilig haben, wäre es mir lieb, wenn Dirksen mich zuerst an der Rehaklinik absetzen könnte«, erklärte Pielkötter.

»So viel habe ich heute nicht mehr vor. Und um eine neue Arbeitsstelle werde ich mich erst nach der Beerdigung kümmern. Vorerst schaffe ich es einfach nicht.«

»Wann wird Immenhoff denn beerdigt?«, fragte Dirksen neugierig.

»In drei Tagen. Ich habe heute den Totenbrief in der Post gehabt. Hat der Bestatter alles organisiert. Immenhoff hat mit ihm wohl einen Vertrag abgeschlossen. Als das letzte Elternteil gestorben ist, hat er auch gleich für sich Vorsorge getroffen, denn nun war er der Einzige der Familie. Um seinen Tod würde sich keiner kümmern und eine würdevolle Feier war ihm wichtig.«

»In drei Tagen also«, sagte Pielkötter mehr zu sich selbst. Hoffentlich kamen die Untersuchungsergebnisse der Spurensicherung nicht zu spät, um notfalls noch eine Obduktion zu beantragen. Wenn Immenhoff tatsächlich mit den Fäusten gegen die Saunatür gehämmert und sie aufzudrücken versucht hatte, würde sich das wohl zweifelsfrei feststellen lassen. Auf jeden Fall musste er so schnell wie möglich mit Barnowski telefonieren.

Pielkötter nahm immer mehrere Treppenstufen gleichzeitig. Auf dem oberen Podest angekommen hetzte er zu seinem Zimmer. Dort würde er in Ruhe mit Barnowski sprechen können. Kurz bevor er sein Ziel erreicht hatte, traf er mit Björn Teinert zusammen.

»Juliana Meinertshagen hat sie in der letzten Sitzung sehr vermisst«, sagte er und zwinkerte Pielkötter zu. »Sie wollte sich sogar über Sie und Sperling, der ebenfalls gefehlt hat, beschweren. Allerdings hat die Gruppe ihr klargemacht, dass der Schuss nach hinten losgehen würde.«

»Danke,Herr Teinert«, sagte Pielkötter. »Ich höre mir das alles sehr gerne noch genauer an, nur jetzt bin ich total in Eile. Ein wichtiges Telefonat. Wie wäre es demnächst mit einem gemeinsamen Bier?«

»Gute Idee.« Teinert grinste. »Und jetzt halte ich sie mal nicht länger auf.«

Nachdem sich Pielkötter verabschiedet hatte, stürzte er in sein Zimmer und wählte zunächst Bernhard Barnowskis Nummer im Präsidium. Vielleicht hatte er Glück und sein Mitarbeiter hatte heute Dienst. Ansonsten würde er sich auch nicht scheuen, ihn zu Hause anzurufen.

»Hallo Chef«, meldete sich Barnowski jedoch, noch ehe er einen Ton von sich gegeben hatte. »Ich habe gerade an Sie gedacht. Normalerweise glaube ich ja nicht an Gedankenübertragung, aber das ist jetzt irgendwie seltsam ...«

»Ich brauche Ihre Hilfe«, kam Pielkötter ohne Umschweife zur Sache.

»Wie? Heißt das etwa, Sie kümmern sich schon wieder um einen Fall anstatt um Ihre Gesundheit?«

»Jetzt fangen Sie bitte nicht auch noch damit an«, stöhnte Pielkötter.

»Also gut, was kann ich für Sie tun?«

»Spuren auswerten. Möglicherweise befinden sich Fasern von einem Seil auf einigen Proben, die wir von einem Türgriff und einem Handtuchhalter genommen haben.«

»Das kann nur heißen, dass es sich wieder um so einen Fall handelt, den nur Sie als solchen einstufen und die Kollegen vor Ort das ganz anders sehen.« Barnowski schien den letzten Satz zu bereuen und er ruderte sofort zurück. »Wobei man natürlich anerkennen muss, dass Sie bisher die richtige Spürnase bewiesen haben.«

»Wenn Sie es genau wissen wollen: Ich stehe mit meinem Anfangsverdacht keineswegs alleine da. Arne Dirksen, ein junger Polizist von der Norderneyer Polizeistation hat mich um Rat und Unterstützung gebeten.«

»Haben Sie noch etwas außer den Faserspuren?«

»Ja, eine Wollmütze, an der sich jede Menge Hautschuppen und vielleicht auch Haare befinden müssten.«

»Chef, Sie wissen schon, dass ich in Teufels Küche kommen kann. Klar, ist alles im Sinne der Allgemeinheit. Aber die Kosten für die Kriminaltechnik entstehen hier. Also, eine kostspielige DNA-Analyse geht gar nicht.«

»Ich verstehe Sie ja. Schließlich kenne ich Lochhausner, unseren knauserigen Staatsanwalt. Trotzdem sehe ich leider keine Möglichkeit, als mich an Sie zu wenden.«

»Die Untersuchung der Faserspuren geht in Ordnung. Das macht Wehner, mit dem kann ich es gut. Der hängt das nicht an die große Glocke. Nur aus der DNA-Abteilung kenne ich niemanden persönlich, wie Sie selbst wissen.«

»Für den Anfang ist das schon mal ganz gut«, erwiderte Pielkötter erleichtert. »Sollte sich unser Verdacht dabei wirklich erhärten, wird Arne Dirksen wohl auch seinen Vorgesetzten überzeugen können, dass in diesem Fall unbedingt weiter ermittelt werden muss.«

»Okay, also erst mal nur die Fasern. Wollen Sie eigentlich gar nicht wissen, warum ich an Sie gedacht habe?«, wechselte Barnowski abrupt das Thema.

»Doch natürlich, nur wenn es eine längere Geschichte ist, rufe ich Sie gleich noch einmal an. Ich muss dringend an Dirksen durchgeben, dass er Ihnen das Päckchen mit dem Material schickt. Es muss auf jeden Fall heute noch mit der Fähre von der Insel.«

»Okay, dann bis gleich. In zwei Sätzen kann ich das wirklich nicht zusammenfassen. Ich bin völlig fertig.«

Nachdem Pielkötter Dirksen die frohe Botschaft mitgeteilt und die Adresse durchgegeben hatte, meldete er sich erneut bei Barnowski in Duisburg.

»Ich weiß gar nicht, wo ich anfangen soll«, erklärte sein Mitarbeiter seltsam konfus. »Zuerst habe ich an Norderney gedacht, wegen dieser dusseligen Hochzeit, und dann sofort an Sie. Also, natürlich frage ich mich öfter, welche Fortschritte Sie so machen, aber jetzt war das in erster Linie wegen der Hochzeit.«

»Welche Hochzeit? Ihre etwa?«

»Ja, nein ... also, ich weiß nicht.«

Was, denn nun, dachte Pielkötter. Barnowski schien voll durch den Wind zu sein.

»Gaby setzt mir so langsam die Pistole auf die Brust. Sie meint, zwölf Jahre Beziehung ohne Trauschein wären genug. Nun, sie wolle endlich wissen, wie ich zu ihr stehe und das ganze Gesülze.« Barnowski stöhnte. »Leider habe ich dem immer weniger entgegenzusetzen. Und jetzt hat sie auch noch einen Bericht gelesen *über Trauungen auf Norderney: Romantischer Besuch des Leuchtturms in der Nacht oder auf Wolke 7 – gemeinsam von der Thalasso-Plattform in die Weite blicken*. Den Artikel hat ihre Mutter ihr zugesteckt. Keine Ahnung, was die damit bezweckt? In deren Augen bin ich doch ohnehin nicht der richtige Schwiegersohn. Für die einzige Tochter einer so tollen Frau hat sie sich natürlich was Besseres vorgestellt.«

Pielkötter hätte gerne etwas darauf gesagt, kam jedoch nicht dazu. Barnowski redete sich langsam in Rage. Offensichtlich lag ihm das Thema sehr am Herzen. »Wenn schon bei der Kripo, dann aber Polizeipräsident. Ein Bänker oder Richter würde der feinen Dame natürlich auch gefallen. Und jetzt rückt genau sie mit diesem Heiratsfirlefanz an. Strandhochzeit im historischen Badekarren. Dafür habe ich wirklich nur eine Erklärung. Sie will einen ordentlichen Krach zwischen Gaby und mir provozieren. Aber nicht mit mir.

Uns zu entzweien schafft Mariella Böttke nicht, lieber heirate ich die Gaby. Zudem schießt sie mit Norderney in gewisser Weise ein Eigentor.«

»Wieso?«, kam Pielkötter nun doch kurz zu Wort.

»Das Trauzimmer auf Rädern kommt nur vom 1. Mai bis zum 30. September zum Einsatz. Jetzt haben wir Anfang Oktober und das gibt mir etwas Galgenfrist. Zudem sind die Termine bestimmt sehr begehrt und die nächsten Jahre mit etwas Glück bereits ausgebucht. Sollte ich das richtig in Erinnerung haben, hat ein Nachbar mal was von einer dreijährigen Wartezeit erzählt ...« Barnowski macht eine kunstvolle Pause. »Und das Beste: In den Badekarren passen nur das Brautpaar, die Trauzeugen und der Standesbeamte und keine nervtötende Schwiegermutter. Ich sehe sie förmlich vor mir, wie sie bei einer traditionellen Trauung hinter uns sitzen und Gabys Schleier noch einmal ordnen würde. Und dann säuselt sie: *Wenigstens zu diesem Anlass hätte Bernhard zu einem anständigen Friseur gehen können. Die Haare im Nacken sind doch viel zu lang. Also, ich hätte meinen Mann nicht so herumlaufen lassen und geheiratet hätte ich ihn in diesem Aufzug erst recht nicht.*« Plötzlich fing Barnowski an zu lachen, vielleicht war das eine Art Galgenhumor. »Chef, kennen Sie eigentlich Adolf Tegtmeier, genauer gesagt, den Schwiegermuttermord? Wie am Schluss rauskommt, dass er die zersägt hat? Köstlich, einfach zu köstlich.«

»Haben Sie mich das nicht schon einmal gefragt?«

»Keine Ahnung. Und wenn, ist das bestimmt schon eine Weile her.«

»Ist ja nicht so wichtig«, räumte Pielkötter schnell ein, schließlich hatte er Barnowski um einen Gefallen gebeten. »Ich warte dann mal die Spurenauswertung ab, hoffentlich entwickelt sich daraus kein schwieriger Fall, der mir viel abverlangt. Sonst mache ich mich in der Klinik sehr unbeliebt und die werfen mich doch noch raus.«

»Aber Fortschritte machen Sie schon?« Barnowskis Stimme klang auf einmal sehr besorgt.

»Ich meine, ja. Ob der Arzt auch zufrieden ist, weiß ich nicht.«

»Weil Sie in der Klinik immer im Stress sind, schreibe ich Ihnen am besten eine SMS, sobald die Auswertung des Spurenmaterials vorliegt. Jedenfalls hat es mir richtig gutgetan, mit Ihnen über die Hochzeit zu quatschen. Jetzt, wo ich ausgesprochen habe, dass es sowieso alles noch ein bisschen dauern wird, sehe ich alles viel lockerer.«

Pielkötter brummte etwas Unverständliches, dann verabschiedete er sich und überlegte, wie er den Rest des freien Nachmittags verbringen sollte.

38

Thorsten Sperling wanderte in seinem Zimmer hin und her und knetete seine Hände. Ab und zu hielt er inne und fasste sich an die Stirn, als müsse er ganz schwer überlegen. Die Nachricht, die jemand während des Abendessens unter seiner Zimmertür durchgeschoben haben musste, ergab für ihn keinen Sinn, auch wenn er sich noch so oft den Kopf darüber zerbrach. Trotzdem musste er unbedingt wissen, was dahintersteckte. Er stieß einen undefinierbaren Laut aus, der nicht gerade freudig klang, und schaute auf seine Armbanduhr. Die Rolex unterer Preiskategorie war ein Geburtstagsgeschenk von seiner toten Frau, auf das er immer gut achtgab. Ihm blieb noch eine gute Stunde bis zu dem Treffen, aber er hielt es nicht länger in seinem Zimmer aus. Tief in seine Gedanken versunken schnappte er nach seinem Mantel und stürmte aus der Klinik, zu dem Fahrrad, das er sich für das Wochenende gemietet hatte.

Der Treffpunkt hinter dem Parkplatz Osthellen war einfach zu weit, um die Entfernung zu laufen, und ein Bus fuhr um diese Zeit nicht mehr dorthin. Warum sollte er auch? Wer wollte sich schon in der Dunkelheit an einem Ort aufhalten, wo es nichts gab außer Natur und Einsamkeit und Gestalten, die es vorzogen, von niemandem gesehen zu werden. Bei diesem Gedanken krampfte sich automatisch sein Magen zusammen. Sperling rief sich den Wortlaut der anonymen Zeilen noch einmal in Erinnerung. *Wir müssen reden*, hieß es darin. Er hatte eine Ahnung, wer das geschrieben haben könnte, aber worüber denn reden? Man war doch quitt, oder etwa nicht? Sperling ließ mit der rechten Hand die Lenkstange los und fasste in seine Hosentasche. Das Messer, das er extra für das Treffen eingesteckt hatte, sollte ihn eigentlich beruhigen, tat es aber nicht.

Inzwischen hatte Sperling fast den Großen Norderneyer Leuchtturm erreicht. Die periodisch ausgesendeten Lichtsignale erhellten alle paar Sekunden den dunklen Himmel. Auf Sperling wirkten die Blitze aus der Glaskuppel seltsam gespenstisch. Ein wenig Furcht erfasste ihn, als er an dem imposanten Turm aus rotem Backstein vorbei- und der einsamen Natur entgegenradelte. Am Parkplatz Osthellen stellte er sein Fahrrad ab, wie es der anonyme Schreiber empfohlen oder vielleicht auch befohlen hatte. Mit gemischten Gefühlen lief Sperling auf dem Südweg in Richtung Osten. Die Ruhezone des Nationalparks lag vor ihm, doch in seinem Inneren spürte er alles andere als Ruhe.

Folgen Sie einfach dem Weg, bis ich zu Ihnen stoße, so hatte es auf dem Zettel gestanden. Sperlings Herz klopfte immer heftiger. Warum, fragte er sich wieder und wieder, wie ein Mantra. Er hatte dem Briefschreiber, wenn es der war, den er in Verdacht hatte, doch nichts getan. Eigentlich konnte der ihm sogar dankbar sein. Und was sollte das Gefasel von dem Geld, über das man verhandeln müsse. Oder steckte doch jemand anderes dahinter, als er bisher vermutet hatte, und der wollte ihn nun erpressen? Automatisch durchflutete Adrenalin seine Adern, seine Hände und Achseln wurden feucht. Seine Angst war größer, als er sich selbst bisher eingestanden hatte. Hätte er sich auf dieses Treffen besser nicht eingelassen? Verdammt, solche Überlegungen nützten jetzt auch nichts, es sei denn, er kehrte einfach um. Nein, das gestattete er sich nicht. Schließlich war er kein Feigling und er musste wissen, warum der Schreiber des Zettels unbedingt mit ihm reden wollte. Der würde wohl kaum Ruhe geben, und Sperling könnte sich auf der Insel nicht mehr sicher fühlen.

Der Mond kam hinter einer Wolke hervor und beleuchtete das unberührte Naturschutzgebiet. Plötzlich hörte er ein verdächtiges Geräusch. Es kam von hinten. Blitzschnell drehte er sich um, konnte jedoch niemanden entdecken. Wahrscheinlich nur ein Tier, überlegte er. Nachdem er eine Weile gezögert hatte, lief er weiter. Der Wind wehte heftig. Trotzdem liefen Schweißperlen seinen Rücken hinunter. Ein großer Vogel erhob sich und flog über einen Dünentümpel. Gut hundert Meter vor sich erkannte er jetzt die rekonstruierte Postbarke, die im 19. Jahrhundert als Orientierungsmarke für den Weg vom Festland auf die Insel diente.

Irgendetwas kam ihm seltsam vor. Eine der Stangen erschien ihm viel dicker als die anderen. Sperling kniff die Augen zusammen, um besser sehen zu können, und näherte sich, obwohl eine warnende Stimme in seinem Inneren immer stärker wurde. Abrupt blieb er stehen. Das Blut rauschte in seinen Ohren. An der Postbarke hatte sich etwas bewegt, sich von dem Denkmal gelöst. Eine Gestalt stand nun daneben. Sie schien etwa Längliches in der Hand zu halten.

Mit zitternden Knien ging Sperling weiter. Es hatte keinen Sinn, jetzt wegzulaufen, oder er würde von nun an immer auf der Flucht sein. Während sich der Abstand verringerte, erkannte er, dass seine Entscheidung richtig war, die Person hätte ihn sicher rasch eingeholt, sie war muskulös und sportlich. Sie trug eine Maske! Und dieser Gegenstand, den sie neben sich hielt, war eindeutig etwas zum Schießen. Ein Gewehr oder eine Schrotflinte, damit kannte er sich nicht so aus. Sein Herz raste. Es war zu spät, um umzukehren. Nein, er wollte nicht von hinten erschossen werden, ohne wenigstens zu wissen, warum. Seine Beine schienen ihm kaum zu gehorchen, aber er stolperte nach vorn. Mit etwas Abstand blieb er vor der vermummten Person stehen.

»Wieso um alles in der Welt haben Sie mich hierher bestellt?«, fragte Sperling mit fast versagender Stimme.

»Weil Sie ein mieser Erpresser sind.«

»Wie ... wieso?«, brachte Sperling mühsam hervor. »Ich dachte, Sie wollten mich erpressen.«

»Das sagen Sie jetzt nur, weil Sie anders keine Chance mehr sehen. Hier wird niemand Ihren Schrei hören, nicht einmal den Schuss.«

»Lassen Sie mich bitte erklären ... ich ...«

»Nein, geben Sie sich keine Mühe«, erwiderte die Gestalt und legte das Gewehr an.

39

Pielkötter traf sich mit Dirksen in dessen Wohnung in der Jann-Berghaus-Straße zur Lagebesprechung. Der junge Polizist hatte diesen Ort vorgeschlagen, damit niemand ihr Gespräch mitbekommen konnte. Viel war bei der kurzen Unterredung unter vier Augen bisher nicht herausgekommen. Es gab keine neuen Erkenntnisse und die Unterhaltung drehte sich mehr oder weniger im Kreis.

»Ich lasse nach«, erklärte Pielkötter und schlürfte an dem friesischen Tee mit Milch und Kluntjes, den der Gastgeber frisch zubereitet hatte. »Die ganze Zeit über wollte ich Sie schon etwas fragen und habe es immer wieder vergessen. Aber jetzt fällt es mir zum Glück wieder ein. Sie haben keine Einbruchspuren erwähnt, deshalb bin ich einfach davon ausgegangen, dass es die nicht gab. Sonst hätte Lübben ja auch stutzig werden müssen.«

»Genau«, stimmte ihm Dirksen zu. »Und wie lautet nun Ihre Frage?«

»Auf welche Weise könnte der Täter«, er kratzte sich am Kinn, »vorausgesetzt es gibt einen, in Immenhoffs Villa gelangt sein, wenn der Hausherr ihm nicht selbst geöffnet hat?«

Dirksen seufzte laut. »Das wollte ich sowieso noch mit Ihnen besprechen. Friederike Hanussen hat bei unserer ersten Befragung ausgesagt, dass Immenhoff mit seinem Haustürschlüssel sehr unvorsichtig umgegangen ist. Auf Norderney war der ja berüchtigt für seine häufig wechselnden Damenbekanntschaften. Und wenn eine seiner Beziehungen mal etwas länger dauerte, also an Bedeutung gewann ...« Er schien zu überlegen, wie er das am besten ausdrückte. »Vielleicht sollte sich die entsprechende Freundin auch nur wichtig fühlen ... also, dann hat sie schon mal seinen Schlüssel bekommen. Und wenn er Schluss gemacht hat, hat er sich wohl nicht immer um den Schlüssel gekümmert. Deshalb kann es sein, dass die ein oder andere Verflossene noch diesen Schlüssel mit dem auffälligen Anhänger besitzt.«

»Inwiefern auffällig?«

»Aus Metall mit dem Logo von Mario Immenhoffs Immobilienfirma, ein kleines Haus in Giebelansicht mit den Buchstaben IMI.«

In Pielkötters Kopf setzten die Gedanken zum Looping an. Natürlich war ihm das Logo bei dem Besuch in Immenhoffs Büro aufgefallen, aber hatte er es nicht noch ganz woanders entdeckt? Pielkötters Atem ging schneller und plötzlich fasste er sich an die Stirn. Während er ruckartig vom Stuhl hochsprang, beobachtete ihn Dirksen irritiert.

»Einer meiner Mitpatienten besitzt einen solchen Schlüssel. Ich habe ihn zufällig in seinem Zimmer gesehen.« Nun konnte er sich auch erklären, warum Sperling so komisch reagiert und schnell alle Sachen vom Tisch geräumt hatte, als er mit dem Pflaster aus dem Badezimmer zurückgekehrt war.

»Aber wie kommt der denn an den Schlüssel?«, fragte Dirksen irritiert.

»Möglicherweise durch seine verstorbene Frau«, antwortete Pielkötter. »Wir müssen sofort los, um ihn zu befragen.«

In der Klinik hetzten sie die Stufen zu Sperlings Zimmer hoch. Pielkötter klopfte an die Tür, doch nichts rührte sich.

»Pielkötter hier«, rief er. »Ich muss dringend mit Ihnen reden.«

Alles blieb still. Dirksen tauschte mit Pielkötter Blicke aus. »Gefahr im Verzug?«

Pielkötter nickte und Dirksen schickte sich an, die Tür gewaltsam zu öffnen. In diesem Moment jedoch rauschte die Nachtwache heran.

»Kann ich den Herren irgendwie behilflich sein?«

»Bitte machen Sie uns die Tür auf! Wir müssen nachsehen, ob Sperling sich was angetan hat.«

Die junge Frau, die Pielkötter bisher nur aus der Tagesschicht kannte, wirkte erschrocken, aber sie gehorchte, ohne weiter nachzufragen. Vielleicht half es, dass sie den jungen Polizisten kannte und sich Pielkötters Ermittlung in dem letzten Mordfall in der Klinik herumgesprochen hatte. »Das wäre ja schrecklich«, murmelte sie, als sie zusammen den Raum betraten.

Wie sie schnell feststellten, fehlte von Sperling jede Spur, auch von dem Schlüssel. Dafür lag ein Zettel auf dem Tisch. Pielkötter nahm ihn an sich und studierte die wenigen Zeilen, dann gab er ihn an Dirksen weiter, der laut vorlas. »Ich muss dringend mit Ihnen reden und erwarte Sie heute Abend. Treffpunkt: Ostheller an der Postbarke um 21:00 Uhr. Und kommen Sie allein!!!«

Wenige Sekunden später stürmten sie aus der Klinik. Hoffentlich schaffen wir es noch rechtzeitig, hämmerte es hinter Pielkötters schweißnasser Stirn. Das würde er sich kaum verzeihen. Von unterwegs forderte Dirksen Verstärkung an. Die Fahrt bis zum Parkplatz Ostheller war kein Problem, aber dann mussten sie das Fahrzeug verlassen und kamen in der Dunkelheit nur noch langsam voran. Pielkötter keuchte, seine Lungen brannten, seine Beine schmerzten, doch der feste Wille, Dirksen in dieser gefährlichen Situation nicht alleine zu lassen, trieb ihn ungeheuer an.

Plötzlich kam der Mond hinter dem dicken Wolkenband hervor und gab den Blick auf zwei Menschen frei. Einer davon war maskiert und hielt ein Gewehr in der Hand. Er zielte damit auf Sperling, den Pielkötter nun erkannte.

»Halt! Machen Sie keinen Fehler!«, brüllte Pielkötter. »Lassen Sie die Waffe fallen!«

»Hände hoch oder ich schieße!«, schrie Arne Dirksen hinterher, während beide nach vorne eilten.

Die vermummte Gestalt gehorchte. Und auch Sperling hob die Arme. Als Pielkötter ihn erreichte, riss Dirksen mit vorgehaltener Dienstwaffe bereits die Maske vom Gesicht des Angreifers.

»Gonne Mackenbrock!«, rief er mit ungläubigem Staunen.

Mackenbrock wirkte wie ein gehetztes Tier. Der junge Polizist schien ihn gut zu kennen und konnte sich die Situation offensichtlich kaum erklären. Fairerweise musste er sich eingestehen, dass auch er lange nicht damit gerechnet hatte, dass ein Mann aus seiner Gruppentherapie in eine solche Situation geraten könnte. Worum ging es hier nur?

»Ich will ja alles gestehen«, japste Sperling. »Ja, ich bekenne mich schuldig an dem Mord von Mario Immenhoff. Ich habe vorgehabt, ihn zu töten und ich habe ihn nicht gerettet, obwohl er noch gelebt hat.«

»Das verstehe ich nicht.« Statt einer Antwort erhielt er von Arne Dirksen ein paar Handschellen, während der junge Polizist Mackenbrock mit seiner Dienstwaffe in der Rechten in Schach hielt. Pielkötter legte sie Mackenbrock an und befahl ihm, sich auf den Boden zu setzen. Er schien im Moment auf jeden Fall der Gefährlichere der beiden zu sein, auch wenn Sperling soeben einen Mord gestanden hatte.

»Ich bin nur mit einem einzigen Ziel nach Norderney gekommen: Immenhoff zu töten«, erklärte Sperling. »Dieses miese Subjekt hat mir alles genommen. Meine Frau Angelina hat sich seinetwegen umgebracht. Erst hat er sich an sie herangemacht, hat ein Verhältnis mit ihr begonnen …« Er stockte. Offensichtlich bereitete es ihm Mühe, ein paar Tränen zurückzuhalten. »Immer wenn wir auf der Insel Urlaub gemacht haben, hat er sie in sein Bett geholt. Anfangs habe ich das nicht einmal mitbekommen, aber dann habe selbst ich Esel begriffen, was da gespielt wurde. Ich habe Angelina zur Rede gestellt, sie angefleht, von ihm zu lassen. Sie hat mir jedoch gesagt, das schaffe sie nicht. Ja, das hat sie wörtlich zu mir gesagt. Sie war Mario Immenhoff vollkommen hörig. Und dann hat er Schluss gemacht und Angelina ist zusammengebrochen. Da hatte ich die Hoffnung, sie nun zurückzugewinnen. Wir hätten ganz neu anfangen können, aber das kam für sie nicht infrage. Ein Leben ohne Mario sei sinnlos, hat sie mir erklärt. Gleichzeitig hat sie sich zu Tode geschämt. Untreue, Fehltritt, das passte eigentlich so gar nicht zu ihr. Und dann hat sie …« Arne Dirksen schickte sich an, in die Sprechpause hinein etwas zu sagen, doch Pielkötter bedeutete ihm, ihn besser weiterreden zu lassen.

»Angelina hat sich die Pulsadern aufgeschnitten und ich konnte das nicht verhindern. Nie, niemals werde ich mir das verzeihen können … Ich bin darüber depressiv geworden. *Reiß dich zusammen,* hat mein Chef mich immer wieder ermahnt, bevor er mich entlassen hat. Danach ist alles weiter den Bach runtergegangen. Unser Haus wurde zwangsversteigert und die meisten unserer Freunde haben sich von mir zurückgezogen. Das Einzige, was mich dazu gebracht hat, alles auszuhalten, ohne komplett durchzudrehen, war die Vorstellung, mich an Immenhoff zu rächen. An dem Abend, an dem ich ihn umgebracht habe, bin ich mit einem Messer in seine Villa. Dabei habe ich gehofft, dass er seinen Saunatag nicht geändert hat. Von der Gewohnheit hat Angelina mir mal erzählt. Ich habe den Schlüssel benutzt, den er ihr gegeben hat. Darauf war sie damals so stolz, sie …« Sperling bereitete es erneut Mühe, weiterzusprechen. Seine Miene wirkte, als stünde er kurz vor einem Zusammenbruch.

»Ich dachte, nach den Saunagängen ist der erst einmal schlapp und ich habe gute Chancen, ihn zu überwältigen.« Sperling versuchte mit seiner Rechten in seine Hosentasche zu greifen, kam aber nicht dazu.

»Sofort die Hände hoch!«, schrie Dirksen und richtete seine Dienstpistole auf den erschreckten Sperling. Während er gehorchte, trat Pielkötter ganz nah an ihn heran und zog ein etwa zwanzig Zentimeter langes Messer samt Scheide heraus.

»Meinen Sie wirklich, Sie wären in der Lage gewesen, Immenhoff damit kaltblütig zu erstechen?«, fragte Pielkötter ungläubig.

Sperling wirkte sehr nachdenklich, dann schüttelte er den Kopf. »Ich weiß es nicht, ich weiß es wirklich nicht. Trotzdem habe ich ihn getötet.«

»Indem Sie die Sauna von außen verriegelt haben«, ergänzte Dirksen.

»Nein, der Griff war ja bereits mit dem Seil festgezurrt, so dass Immenhoff die Tür von innen nicht mehr öffnen konnte. Aber er hat um Hilfe geschrien, und ich habe nichts unternommen, um ihn zu retten.«

»Wenn es so abgelaufen ist, wie Sie es gerade beschrieben haben, dann war das kein Mord«, erklärte Pielkötter und blickte zu Mackenbrock, der die ganze Zeit über stumm auf dem Boden gesessen hatte. »Ich nehme an, nun kommen Sie ins Spiel. Gehe ich recht in der Annahme, dass Sie Immenhoff eingesperrt haben?«

Mackenbrock blieb eine Antwort schuldig, aber dafür redete Sperling.

»Ich denke schon. Zumindest habe ich diesen Mann im Keller in der Nähe der Sauna gesehen. Als ich hereingekommen bin, ist er rausgerannt.«

»Kannten Sie ihn schon vorher?«, fragte Dirksen.

»Nein, den habe ich nie zuvor gesehen. Deshalb habe ich mich auch gewundert, dass er es war, der mich hierher bestellt hat. Um mich zu bedrohen! Beschuldigte mich, ihn zu erpressen. Dabei kenne ich ihn nicht, weiß nicht, wo er wohnt. Ich kann mir nicht einmal erklären, woher er weiß, dass ich in der Kurklinik am Deich untergebracht bin. Das ergibt für mich alles keinen Sinn.«

»Nun, ich denke, Herr Mackenbrock wird uns da jetzt weiterhelfen«, meldete sich Dirksen zu Wort.

»Ich habe mir schon gedacht, dass der Herr für Sie kein Unbekannter ist«, bemerkte Pielkötter

»Nun, auf Norderney kennt jeder Gonne Mackenbrock, den Hotelier und Gatten unserer stellvertretenden Bürgermeisterin.«

Mackenbrock wirkte ziemlich mitgenommen. Offensichtlich war er nicht oft in einer Situation, in der er die Position eines Unterlegenen einnehmen oder sich in irgendeiner Form rechtfertigen musste. »Ich will sofort meinen Anwalt sprechen«, brachte er schließlich hervor.

»Das ist natürlich Ihr gutes Recht«, entgegnete Dirksen. »Allerdings wäre es sehr von Vorteil, wenn Sie mit der Polizei kooperieren würden. Das wirkt sich nämlich strafmildernd aus. Und ich würde mich für Sie verwenden.«

»Das, was Sie hier veranstaltet haben, spricht eindeutig gegen Sie«, ergänzte Pielkötter. »Und wenn Ihnen diese Wollmütze mit den Seeschlitzen gehören sollte, die wir in einem der Kellerräume gefunden haben, wird die Beweislage erdrückend. Zusammen mit der Aussage von Herrn Sperling reicht das für eine Verurteilung allemal. Zu leugnen erscheint mir da ziemlich sinnlos.«

»Immenhoff hatte ein Verhältnis mit meiner Frau«, brach es aus Mackenbrock plötzlich heraus. »Und als ob das nicht schon schlimm genug gewesen wäre, hat er die Beziehung ausgenutzt, um seine geschäftlichen Interessen durchzusetzen. Ohne Nathalie hätte er seine Norderneyer Mall vergessen können. Sie hatte maßgeblichen Anteil daran, dass der Bebauungsplan durch den Rat gekommen ist. Dabei hatten sich viele erhofft, dass Immenhoff durch die Ablehnung ausgebremst würde. Wissen Sie, wie ich vor den anderen Geschäftsleuten dagestanden habe? Nein, die Schmach können Sie sich nicht vorstellen. Das war ein doppelter Verrat, zu dem er meine Frau verleitet hat.«

»Man muss wohl leider sagen, dass Sie vielen auf Norderney mit Ihrer Tat einen großen Gefallen getan haben«, erklärte Dirksen, als Mackenbrock plötzlich vor sich hinstarrte und eine Weile schwieg.

»Sie haben Immenhoff also in der Sauna eingeschlossen«, stellte Pielkötter noch einmal fest. »Ehe Immenhoff tot war und Sie das Seil wieder lösen konnten, ist Herr Sperling aufgetaucht und Sie sind geflüchtet. Wahrscheinlich sind Sie davon ausgegangen, dass er Immenhoff rettet und Sie hoffentlich nicht erkannt hat.« Pielkötter massierte sein Kinn. »Plötzlich hören Sie, dass Immenhoff doch tot ist. Gestorben in seiner Sauna, nicht getötet. Deshalb nehmen Sie an, dass Sperling Ihre Arbeit für Sie vollendet hat. Sie sind beruhigt. Ihr Plan ist in gewisser Weise doch noch aufgegangen. Nur eins verstehe ich nicht. Warum haben Sie Sperling hierhergelockt, um ihn zu töten? Der Mitwisser hat sich doch auch schuldig gemacht. Ihr Handeln ergibt für mich deshalb keinen Sinn.«

»Ich wollte Sperling nicht töten«, entgegnete Mackenbrock aufgebracht. »Ich wollte ihm einen Denkzettel verpassen.«

»Das sah in meinen Augen allerdings ganz anders aus, aber lassen wir das. Gehen wir davon aus, dass Sie ihn nicht umbringen wollten. Bleibt immer noch die Frage, warum Sie nicht einfach in Ruhe Gras über die Sache wachsen lassen konnten.«

»Ursprünglich hatte ich das ja vor, aber dann kam der Brief. Er wollte mich erpressen, hat fünfzigtausend Euro für sein Schweigen gefordert.«

»Der stammt nicht von mir«, wandte Sperling entrüstet ein. »Wie oft soll ich Ihnen das noch sagen.«

»Jedenfalls war ich mir sicher, dass Sie mir geschrieben haben. Sonst weiß doch niemand, dass ich in der Nacht bei Immenhoff war.«

»Woher kannten Sie mich denn und wussten, wo ich wohne?«, fragte Sperling.

»Ich bin Ihnen an dem Abend gefolgt. Ich musste einfach wissen, mit wem ich es zu tun hatte, ob Sie mir gefährlich werden könnten.«

Wer weiß, ob das stimmt, dachte Pielkötter skeptisch. Logischer wäre es, Mackenbrock hätte vorgehabt, Sperling umzubringen. Möglicherweise hatte sich dazu jedoch keine Gelegenheit ergeben. Aber er würde niemals so dumm sein, das jetzt zuzugeben.

»Den Zettel mit der Bitte um dieses Treffen unter der Tür Ihres Zimmers durchzuschieben, war kein großes Problem«, fuhr Mackenbrock fort. »Jeder hat freien Zugang zur Klinik und den Gängen.«

»Eines wüsste ich noch gern«, begann Dirksen, wobei Pielkötter überlegte, ob der junge Kollege das Gleiche fragen wollte wie er selbst. »Warum sind Sie von der Klinik aus nicht noch einmal zu Immenhoffs Villa zurückgegangen? Offensichtlich sind Sie das ja nicht, denn sonst hätten Sie Ihre Mütze geholt.« Bravo, dachte Pielkötter, genau das war der Punkt, der ihn auch interessierte.

»Das hatte ich zunächst vor, aber auf dem Weg ist mir meine Frau begegnet. Möglicherweise wollte sie auch zu Immenhoff. Sie hat behauptet, sie habe Kopfschmerzen und sei deshalb an die frische Luft gegangen. Ich weiß nicht, ob das der Wahrheit entsprach. Jedenfalls sind wir zusammen nach Hause und es bot sich keine Gelegenheit mehr, unbemerkt zu verschwinden. Dann habe ich mir überlegt, dass der Mann aus der Klinik ja in der Sache mit drinsteckt, schließlich hätte er Immenhoff befreien müssen. Selbst wenn er mich kennen würde, was ich bezweifelte, würde er mich wohl kaum bei der Polizei anzeigen. Also stellte die Mütze eigentlich keine Gefahr für mich dar. Eine Reihenuntersuchung der DNA bei allen Leuten, die zu dem Zeitpunkt auf der Insel weilten, hielt ich für unwahrscheinlich.«

»Haben Sie einen Verdacht, wer außer Sperling noch hinter dem Erpresserbrief stecken könnte«, wandte sich Pielkötter an Mackenbrock. Davon, dass er existierte, war Pielkötter überzeugt. Andernfalls ergab Mackenbrocks Verhalten von heute Abend keinerlei Sinn.

Ehe er jedoch eine Antwort erhielt, rückte leider die Verstärkung an.

40

Nathalie Mackenbrock saß auf ihrer stromlinienförmigen Designercouch und starrte vor sich hin. Sie nahm einen beachtlichen Schluck vom Baron de Rothschild. Obwohl es ihr drittes Glas war, beruhigte sie der Wein nicht gerade. Ganz im Gegenteil. Je mehr Alkohol sie trank, desto mehr steigerte sie sich in düstere Zukunftsvisionen hinein. Leider waren die Szenearien nicht weit hergeholt. Gonne saß im Gefängnis, und sie sah kaum Chancen, dass er einer Verurteilung wegen Mordes und vielleicht auch versuchten Mordes entgehen würde. Weitaus gravierender als die zwangsläufige Scheidung empfand sie, dass Gonne gleichzeitig ihren Ruf ruiniert hatte. Niemand würde sie wieder in den Stadtrat wählen und den Posten des Bürgermeisters konnte sie vergessen.

Das Grausamste an der Sache war jedoch, dass sie alles verschuldet hatte. Sie selbst hatte Gonne ins Gefängnis gebracht, wenn auch unbeabsichtigt. Von Anfang an hatte sie der offiziellen Version über Mario Immenhoffs Ableben keinen Glauben geschenkt. Ihre Intuition hatte ihr sofort gesagt: Es war Mord und der Hauptverdächtige hieß Gonne. Ihr Mann hatte nicht nur ein Motiv gehabt, sondern auch den Schlüssel zu Immenhoffs Villa. Wahrscheinlich hatte er den in ihrem Schreibtisch entdeckt, eins und eins zusammengezählt und einen Racheplan geschmiedet. Aber warum hatte sie die Sache nicht einfach auf sich beruhen gelassen? Zumal sich ihr Mitleid über Immenhoffs Tod in Grenzen hielt. Nachdem er auf diese miese Tour mit ihr Schluss gemacht hatte, hätte sie ihn sogar am liebsten eigenhändig umgebracht, auch wenn sie das niemals in die Tat umgesetzt hätte. Sie trank erneut einen Schluck.

»Ich musste doch wissen, ob mein Mann wirklich ein Mörder ist«, lallte sie plötzlich. »Wie hätte ich mit der Ungewissheit leben können?« Sie starrte eine Weile gedankenverloren vor sich hin.

»Trotzdem war die Idee mit dem Erpresserbrief beschissen.« Ärgerlich rief sie sich den genauen Wortlaut ins Gedächtnis. *In der Nacht, in der Mario Immenhoff gestorben ist, habe ich Sie aus seiner Villa kommen sehen. Ich bin sicher, die Polizei könnte sich sehr für diese Information interessieren. Sofern Ihnen mein Schweigen fünfzigtausend Euro wert ist, deponieren Sie das Geld bitte übermorgen Abend im Sand direkt neben dem Aufgang zur Weißen Düne. Anschließend begeben Sie sich zur Promenade und setzen sich auf die Bank, die der Georgshöhe am nächsten steht. Ich schicke dort eine Vertrauensperson vorbei, die mir Ihre Anwesenheit bestätigen wird, damit ich das Geld in Ruhe an mich nehmen kann.*

Eigentlich entbehrte es nicht einer gewissen Genialität, exakt die Summe, die sie Immenhoff geliehen hatte, auf diese Weise einzutreiben. Deshalb hatte sie sich furchtbar schlau gefühlt, besonders, als Gonne auf den Brief panisch und kopflos reagiert hatte. Leider hatte sie nicht bedacht, dass er daraufhin einen anderen Menschen bedrohen und damit die Polizei auf den Plan bringen würde. Nathalie Mackenbrock schlug die Hände vors Gesicht und begann laut zu schluchzen.

Epilog

Pielkötter brummte zufrieden vor sich hin. Nun, er hatte auch allen Grund dazu. Das Gespräch mit seinem Arzt Doktor Salzbach war besser gelaufen als erwartet. Er hatte ihm Hoffnung gemacht, in absehbarer Zeit seinen Dienst in Duisburg wieder aufnehmen zu können. Wahrscheinlich würde seine Reha nicht noch einmal verlängert werden müssen, was voll in Pielkötters Sinne war. Zudem freute er sich auf den Abend im Norderneyer Brauhaus mit Arne Dirksen, um ihren Erfolg im Fall Immenhoff zu feiern. Pielkötter verspürte Genugtuung darüber, dass sie beide trotz aller Widerstände so hartnäckig ermittelt hatten. Das war besonders für Arne Dirksen sehr wichtig, der sich seine Sporen ja erst noch verdienen musste. Pielkötter war sicher, dass der junge Polizist in absehbarer Zeit versuchen würde, von der Schutzpolizei zur Kripo zu wechseln, und dass er ein ausgezeichneter Ermittler werden würde. Arne Dirksen hatte Potenzial und sollte unbedingt gefördert werden.

Nicht alles war so erfreulich verlaufen. Er machte sich Sorgen wegen Marianne. Direkt nach dem Gespräch mit Doktor Salzbach hatte er ihr die frohe Botschaft mitteilen wollen, sie aber trotz mehrmaliger Versuche nicht erreicht. Irgendetwas stimmte da nicht, das fühlte er nur zu deutlich. Allein schon die Tatsache, dass sie ursprünglich eingeplant hatte, ihn ein zweites Mal auf Norderney zu besuchen, und dann einen Rückzieher gemacht hatte, gab ihm zu denken.

Inzwischen war er auf dem Damenpfad angekommen und nicht mehr weit von dem Norderneyer Brauhaus entfernt. Ob Arne Dirksen bereits dort auf ihn wartete? Ehe er das zu Ende gedacht hatte, klingelte sein Smartphone. Marianne! Endlich! Pielkötters Atem ging unwillkürlich schneller.

»Hallo Willibald, ich war noch auf der Arbeit und hatte mein Handy ausgeschaltet.«

»Ich denke, die Boutique ist nur bis sieben geöffnet«, entgegnete er sichtlich verwundert. Schließlich hatte er Arne Dirksen extra um eine spätere Uhrzeit für ihr gemeinsames Treffen gebeten, damit er die Chance hatte, vorher seine Frau zu erreichen. Im Übrigen war heute normalerweise sowieso ihr freier Tag, aber vielleicht hatte Marianne ja mit ihrer Chefin oder einer Arbeitskollegin getauscht.

»Ja ... schon«, druckste Marianne herum, »allerdings habe ich vergessen, es zum Feierabend wieder einzuschalten.«

Ihre Antwort versetzte Pielkötter einen Faustschlag in seine Magengrube. »Obwohl du von meinem heutigen Termin bei Doktor Salzbach wusstest?«

»Tut mir leid«, hauchte sie.

Pielkötter schluckte. Er hatte ein Gespräch, von dem so vieles abhing und sie interessierte sich anscheinend kaum dafür.

»Hier war eine Menge los. Ich weiß nicht mehr, wo mir der Kopf steht.«

»Ja, natürlich.« Pielkötter hatte Mühe, eine gewisse Portion Ironie in seiner Stimme zu unterdrücken. So oder so ähnlich hatte sie sich beim letzten Telefonat auch herauszureden versucht.

»Und? Wie ist das Gespräch gelaufen?«

»Gut!«

»Was heißt das?«

»Wenn sich alles so wie bisher weiterentwickelt, kehre ich bald nach Hause zurück. Und es besteht berechtigte Hoffnung, dass ich in absehbarer Zeit meinen Dienst im Duisburger Präsidium wieder aufnehmen kann.«

»Das freut mich«, erwiderte sie.

Aber ihr Tonfall entsprach nicht dem, was sie sagte. Echte Freude hörte sich jedenfalls anders an. Und was war das für ein Geräusch im Hintergrund? Fast konnte man meinen, sie sei nicht allein.

»Du, ich muss jetzt Schluss machen, ich bin gleich mit Arne Dirksen verabredet«, sagte er schnell, weil er ihre zurückhaltende Reaktion kaum ertragen konnte. *Super, toll, das feiern wir. Ich freue mich so, dass du wieder nach Hause kommst*. So etwas hatte er erwartet, aber sicherlich nicht diese emotionslos dahingeworfenen Worte.

»Dann reden wir morgen weiter«, sagte sie. Ihre Stimme klang nun sehr müde.

»Also, dann einen schönen Abend«, wünschte er ihr zum Abschied, wobei seine Magenmuskeln sich erneut zusammenzogen.

Was hatte das alles zu bedeuten, hämmerte es hinter seiner Stirn, nachdem er aufgelegt hatte. Bereute Marianne inzwischen, die Annäherung, ihre Intimität auf der Insel? Wollte sie nun doch die Scheidung? Weil sie einen anderen Mann kennengelernt hatte? Oder hatte sie vielleicht ernste Sorgen? Aber warum sprach sie nicht mit ihm darüber? Okay, genug der Spekulationen, rief er sich zur Räson. Bald würde er wieder nach Hause kommen und dort würde sich alles klären. Zudem hatte Arne Dirksen einen Gesprächspartner verdient, der den Abschluss des zweiten gemeinsamen Falls mit ihm feiern wollte, und keinen, der gerade private Probleme wälzte. Pielkötter war während des Telefonats sehr langsam gelaufen, nun beschleunigte er seinen Schritt wieder. Er rannte beinahe, als wolle er möglichst schnell Distanz zwischen sich und der Stelle schaffen, an der Marianne ihn verletzt hatte. Ja, er fühlte sich wirklich verletzt, auch wenn es ihm äußerst schwerfiel, dies zuzugeben.

Pielkötter erkannte Arne Dirksen, noch ehe er das Alte Brauhaus betreten hatte. Er saß ganz vorne rechts an einem Zweiertisch am Fenster eines nett eingerichteten, überdachten Vorbaus. Auf seinen Streifzügen durch die Innenstadt von Norderney hatte Pielkötter schon etliche dieser Vorbauten gesehen. Als Frühstücksraum in Hotels und Pensionen, als Gastraum in Restaurants oder in Privathäusern als eine Art zur Straße hin verlagerter Wintergarten.

»Moin, Moin«, empfing ihn der junge Polizist. »Wie sich die Zeiten ändern? Nach Abschluss unseres letzten Falls haben wir noch draußen in der Weststrandbar gesessen. Der Pavillon gehört ja auch zum Alten Brauhaus, aber bei diesem Wetter hat der natürlich geschlossen.«

»Hier ist es doch auch sehr gemütlich«, erwiderte Pielkötter mit kurzem Blick zum Glasdach mit etlichen Holzbalken. Rein als Deko, nahm er an.

Dirksen lachte. »Anscheinend waren Sie noch nicht hier, so wie Sie sich hier umschauen.«

Pielkötter musste schmunzeln. Der Norderneyer Kollege war offensichtlich durch und durch Kriminalist. »Leider nein, obwohl ich mir das immer wieder vorgenommen habe«, antwortete er laut. »Manchmal bin ich nach den vielen Anwendungen so müde, dass ich mich einfach nicht mehr aufraffen kann, von der Klinik in die Stadt zu laufen. Und dann haben mich die Ermittlungen natürlich in Anspruch genommen.« Pielkötter lächelte nun auch. Er hatte sich gerade gesetzt, da rauschte ein recht junger Kellner heran.

»Zwei Pils«, bestellte Pielkötter schnell, noch ehe Dirksen reagierte. »Die Rechnung geht auf mich. Ich habe mir beim letzten Mal gemerkt, dass Sie das Norderneyer Pils lieber mögen als Weizen. Und mir haben Sie das bei unserem Treffen in der Weststrandbar auch empfohlen.« Die Bedienung entfernte sich, sie konnten wieder über ihren Fall reden. »Was ich unbedingt wissen möchte …«, fuhr Pielkötter fort, »bei diesem Brief, den Mackenbrock angeblich erhalten hat, handelt es sich dabei um eine Masche, weil er sich davon mildernde Umstände erhofft, oder gab es den wirklich?«

»Ja, er hat ihn uns gezeigt, und seine Angestellte hat glaubhaft versichert, ihn Mackenbrock an dem von ihm angegebenen Tag übergeben zu haben. Er wird momentan noch untersucht. Allerdings ist schon durchgesickert, dass der Schreiber ein gewisses Bildungsniveau haben muss.«

»Manchmal glaubt man kaum, wie viel die Experten aus ein paar Zeilen über die Person herausfinden.« Pielkötter erhob sich. »Entschuldigen Sie mich kurz.«

»Das WC ist hinten«, erklärte Dirksen.

Pielkötter betrat den eigentlichen Gastraum, von dem er bisher nur einen Bruchteil durch die Fenster in der Trennwand zwischen Haus und Veranda hatte erkennen können. Er war angenehm überrascht. Das ganze Ambiente gefiel ihm erstaunlich gut. Die gemauerten Ziegelsteine an den Wänden, die dicken Röhren aus Metall, die modernen hohen Holztische. Originell fand er, dass man einen Auszug aus der Getränkekarte auf eine große schwarze Tafel geschrieben hatte.

Als Pielkötter zurückkehrte, hatte der Kellner das Norderneyer Pils bereits gebracht. »Auf unseren gemeinsam gelösten Fall«, erklärte Pielkötter und hob sein Glas.

Dirksen folgte seinem Beispiel. »Dann man Proost!«

Pielkötter mochte diesen herrlichen Akzent, dieses speziell gerollte R und dieses lang gezogene O. »Wie hat eigentlich Ihr Chef reagiert?«, fragte er, nachdem sie einen großen Schluck getrunken hatten. »Und natürlich die Kollegen aus Aurich/Wittmund?«

»Sehr, sehr unterschiedlich«, antwortete Dirksen und schaute gedankenverloren in sein Glas. Plötzlich sah er hoch. »Lübben war erstaunlich nett, er hat mir sogar auf die Schulter geklopft und verkündet: *Mensch, Dirksen, da haben Sie ja schon zum zweiten Mal den richtigen Riecher gehabt. Gratuliere!* Die Kollegen aus Aurich/Wittmund waren allerdings nur zum Teil begeistert. Ihrer Meinung nach hätten wir jeden noch so winzigen Verdacht sofort bei Ihnen melden müssen. Nun ja, im Grunde haben sie damit sogar Recht.« Er seufzte. »So ein Fall kommt wohl auch so schnell nicht wieder vor. Lübben wird demnächst sicher viel aufmerksamer sein und Sie ...« Dirksen sah Pielkötter direkt in die Augen. In seinem Blick lag ein gewisses Bedauern. »Nun, Sie sind in absehbarer Zeit nicht mehr auf der Insel, wenn ich das bei dem Telefonat heute Morgen richtig verstanden habe. Damit fällt Ihre Unterstützung aus. Ohne die hätte ich den Fall ja niemals gelöst.«

»Wer weiß«, erwiderte Pielkötter, wobei er offenließ, ob sich das auf seine Hilfe bezog oder auf das Ende seiner Reha auf Norderney.

Pielkötter hätte noch gerne länger mit Arne Dirksen geredet, aber die Zeit eilte. Wenn er nicht langsam aufbrach, würde er ein Problem bekommen. Die Tür zur Rehaklink wurde immer pünktlich abgeschlossen, da gab es kein Pardon.

Nachdem er sich von dem jungen Norderneyer Kollegen verabschiedet hatte, lief er mit schnellen Schritten stadtauswärts. Ihm fiel ein, dass er gegenüber Dirksen Barnowskis Anruf zu erwähnen vergessen hatte. Auf den Folien, die sie für die Spuren an dem Griff der Saunatür und dem Handtuchhalter benutzt hatten, waren tatsächlich Fasern eines Seils festgestellt worden. Nun, das war nach der Aufklärung des Falls nicht mehr von besonderer Bedeutung. Trotzdem rechnete Pielkötter seinem jungen Mitarbeiter in Duisburg hoch an, dass er sich darum gekümmert hatte. Irgendwie freute er sich auf die weitere Zusammenarbeit, die er sich inzwischen erhoffen durfte, und natürlich auf seine Familie.

Pielkötter hatte die Klinik noch nicht erreicht, da klingelte das Smartphone in seiner Hosentasche.

»Jan Hendrik hier«, vernahm er die Stimme seines Sohnes, als er das Gespräch im Laufen annahm.

Wieso rief er ihn so spät noch an? Und seine Stimme klang irgendwie … »Gibt es etwas Besonderes?«, fragte Pielkötter besorgt.

»Ja, schon …«, druckste Jan Hendrik herum. »Also, eigentlich soll ich dir das nicht verraten, damit du dir keine Sorgen machst, aber Mutter liegt im Krankenhaus.«

»Im Krankenhaus?«, echote Pielkötter und blieb völlig irritiert stehen. »Aber wieso denn?«

»Reg dich bitte nicht auf. Es muss ja nichts Schlimmes dahinterstecken. Vor ein paar Tagen war sie beim Frauenarzt zur Routineuntersuchung. Dabei hat man etwas am Eierstock festgestellt. Morgen früh wird sie operiert. Schlüssellochtechnik.«

»Und warum erzählt sie mir das nicht selbst?«

»Sie hat gesagt, du hättest in der letzten Zeit genug durchgemacht. Sie wollte dich nicht zusätzlich belasten, sondern dir erst Bescheid geben, wenn alles vorbei sei und sie dir eine gute Nachricht präsentieren könne.«

In Pielkötters Kopf überschlugen sich die Gedanken. »Du, ich muss jetzt Schluss machen. Ich bin gleich an der Klinik und die schließen in wenigen Minuten ab. Rufst du mich morgen bitte noch mal an?« Pielkötter seufzte laut. »Danke, dass du mich informiert hast. Sorgen habe ich mir sowieso gemacht, weil deine Mutter plötzlich so anders war. Und jetzt weiß ich wenigstens, warum.«

So schnell wird ein Problem vom nächsten abgelöst, überlegte er, nachdem er das Gespräch beendet hatte. Marianne, schoss es ihm schmerzhaft durch den Kopf, hoffentlich geht alles gut.

ENDE

Danksagung

Mein Dank für Anregungen,
konstruktive Kritik und Korrektur gilt:

Johanna Wiltberger
Sabrina Komoßa
Joachim Scharenberg
und besonders meiner Lektorin
Dr. Anette Kleszcz-Wagner